Esta colecção
tem como objectivo proporcionar
textos que sejam acessíveis
e de indiscutível seriedade e rigor,
que retratem episódios
e momentos marcantes da História,
seus protagonistas,
a construção das nações
e as suas dinâmicas.

1 - HISTÓRIA DOS ESTADOS UNIDOS DESDE 1865
Pierre Melandri

2 - A GRANDE GUERRA - 1914-1918
Marc Ferro

3 - HISTÓRIA DE ROMA
Indro Montanelli

4 - HISTÓRIA NARRATIVA DA II GUERRA MUNDIAL
John Ray

5 - HITLER - PERFIL DE UM DITADOR
David Welch

6 - A VIDA DE MAOMÉ
Virgil Gheorghiu

7 - NICOLAU II
Marc Ferro

8 - HISTÓRIA DOS GREGOS
Indro Montanelli

9 - O IMPÉRIO OTOMANO
Donald Quataert

10 - A GUERRA SECRETA
Ladislas Farago

11 - A GUERRA DE SECESSÃO - 1861-1865
Farid Ameur

12 - A GUERRA CIVIL DE ESPANHA
Paul Preston

13 - A VIDA QUOTIDIANA NO EGIPTO NO TEMPO DAS PIRÂMIDES
Guillemette Andreu

A Vida Quotidiana no Egipto no Tempo das Pirâmides

Título original:
L'Egypte au Temps des Pyramides

© Hachette Littératures, 1999, 2002 para a Bibliografia actualizada

Tradução:
Primeiros quatro capítulos: João Nuno Alves Martins
Restante texto: Pedro Elói Duarte

Capa de José Manuel Reis

Depósito Legal nº 222941/05

Impressão, paginação e acabamento:
MANUEL A. PACHECO
para
Edições 70,Lda.
Março de 2005

ISBN: 972-44-1237-7

Direitos reservados para língua portuguesa
por Edições 70

EDIÇÕES 70, Lda.
Rua Luciano Cordeiro, 123 – 2º Esqº - 1069-157 Lisboa / Portugal
Telefs.: 213190240 – Fax: 213190249
e-mail: edi.70@mail.telepac.pt

www.edicoes70.pt

Esta obra está protegida pela lei. Não pode ser reproduzida,
no todo ou em parte, qualquer que seja o modo utilizado,
incluindo fotocópia e xerocópia, sem prévia autorização do Editor.
Qualquer transgressão à lei dos Direitos de Autor será passível
de procedimento judicial.

Guillemette Andreu

A Vida Quotidiana
no Egipto
no Tempo das Pirâmides

edições 70

Referências Cronológicas

3150-2700: **Período Tinita**
 I e II dinastias
2700-2200: **Império Antigo. Início da época das pirâmides.**
2700-2630: III dinastia. Capital em Mênfis.Reinado de Djeser.
2630-2510: IV dinastia. Reinados de Seneferu, Quéops, Didufri, Quéfren, Miquerinos.
2510-2460: V dinastia. Reinados de Userkaf, Isési e Unas.
2460-2200: VI dinastia. Reinados de Pepi I e Pepi II.
2200-2060: **Primeiro Período Intermédio**
 VII-XI dinastias
2061: Vitória de Montuhotep II, quinto rei da XI dinastia, e reunificação do Egipto.
2060-1635: **Império Médio**
2060-1991: Fim da XI dinastia.
1991-1785: XII dinastia. Capital em Licht. Reinados dos Amenemhat e dos Sesóstris.
1785-1635: XIII dinastia.

Fim da época das pirâmides

1635-1580: **Segundo Período Intermédio**
 Ocupação do território pelos Hicsos.
 Capital em Auaris, no Delta.
1552-1070: **Império Novo**

NOTA: As datas acima indicadas dizem respeito às épocas mais antigas da história faraónica e são aproximativas. As actuais pesquisas irão decerto alterar algumas delas uma ou duas décadas.

Aos meus pais

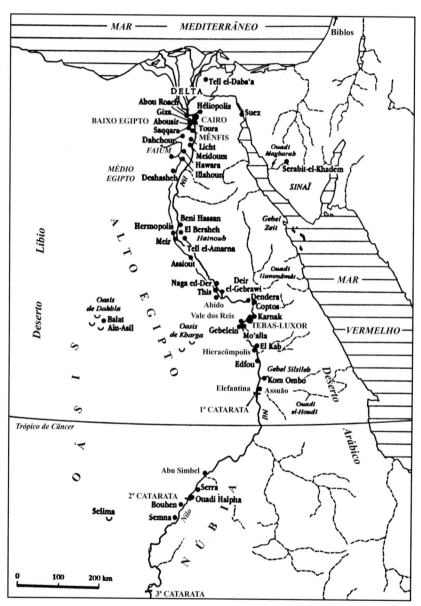

O Tempo das Pirâmides

O Egipto do tempo das pirâmides é o dos alvores da civilização faraónica. Estende-se de 2700 a.C. até cerca de 1750 a.C. e corresponde, ao longo de quase um milénio, ao intervalo a que os historiadores modernos chamaram o Império Antigo e o Império Médio. Um dos traços comuns a todo este período reside no modo de inumação dos faraós: os seus túmulos são pirâmides de pedra monumentais que se erguem no deserto como símbolos de um poder universal. Este dealbar do Egipto faraónico não significa um começo vacilante. Pelo contrário, marca, para aquela antiga civilização, uma idade de ouro que viria a ficar na memória dos sucessores como apogeu e modelo a seguir.

Um pouco de história

Aproximadamente século e meio antes de 3000 a.C., na chamada época tinita, o sistema faraónico está já estabelecido: o monarca, por direito divino, governa «as duas terras», designação do Alto e do Baixo Egipto, reunidos sob a sua autoridade. É a sua administração que organiza o trabalho dos campos, começando a gerir a irrigação e a controlar a manutenção dos canais. Para facilitar o exercício do poder, desenvolve-se a escrita, por meio de ideogramas inspirados no mundo animal e vegetal das margens do Nilo. Aqui e ali, no segredo dos santuários, os sacerdotes fazem oferendas aos múltiplos deuses cuja intercessão permite manter a ordem cósmica e evitar o regresso ao caos.

A população egípcia começa a formar um grupo social composto por camponeses e artesãos, agrupa-se em aldeias nas duas margens do Nilo e vive da caça, da pesca, da recolecção, da agricultura e da pecuária. A implantação territorial faz-se em aglomerações instaladas fora das terras inundáveis mas perto dos terrenos de cultivo: está em curso o aproveitamento das cheias do Nilo, instigado pela necessidade de alimentar uma população cada vez mais numerosa.

Estendendo-se por mais de 1000 quilómetros, entre o Mediterrâneo e o coração de África, o Egipto é o berço de uma população originalmente heterogénea, porque marcada pelas características próprias das diversas migrações que conheceu no IV milénio. O cruzamento desses traços étnicos acabou por conduzir a um «tipo» egípcio notável e particularmente bem ilustrado na estatuária faraónica. Os retratos feitos pelos escultores egípcios dão conta de uma população de estatura mediana, com uma pele clara que o sol ardente tende a tisnar, e de finas feições não negróides. O cabelo é negro e liso, por vezes ondulado mas nunca crespo. Como é de esperar, quanto mais se avança para o interior de África, mais a fisionomia tem tendência para exibir traços negróides, influência natural do contexto geográfico.

Entre 3000 e 1750 a.C., o vale do Nilo conhece um forte aumento demográfico, quando, já desde o início do IV milénio, uma agricultura cada vez mais bem coordenada veio tomar o lugar de uma economia de caça e recolecção. Calcula-se que em 3000 a.C. a população seja de 850 000 habitantes e que atinja os 2 milhões por volta de 1800 a.C. Os Egípcios deste período vivem na planície aluvial, com uma maior densidade entre Assuão e Quft, no Alto Egipto, e entre Faium e a ponta sul do Delta, no Baixo Egipto. Até uma época muito tardia, as regiões próximas do Mediterrâneo não atraem a população: o carácter essencialmente nilótico deste povo é, de resto, um dos seus traços constantes. O mar é uma porta para o desconhecido e causa temor, e o Delta um vasto pantanal de que apenas o centro é habitado, enquanto as franjas são deixadas para a criação de gado. A escassez de nascentes de água doce é um dos factores determinantes da fraca atracção exercida por esta zona. Em tais condições, podemos estimar a superfície do Egipto do tempo das pirâmides em aproximadamente 8000 km^2.

O Nilo fértil

As inundações são um fenómeno natural, que engrossa o Nilo com a chuva da monção, vinda anualmente da Etiópia em meados de

Julho para cobrir a planície com cerca de metro e meio de água. Quando, pelo Outono, o rio torna ao seu leito, as cheias depuseram nas terras alagadiças um manto de lodo fértil cuja presença favorece a eclosão de uma agricultura extensiva, de uma economia próspera e de um modo de vida específico.

A partir do III milénio, a estação húmida que dotava o clima do Egipto de uma pluviosidade fraca mas regular vai-se atenuando pouco a pouco e dá lugar a uma aridez semelhante à de hoje. De um modo geral, o sol brilha todos os dias; as raras chuvas e tempestades não escurecem o céu mais do que algumas horas por ano. Estas intempéries são então sentidas como manifestações ameaçadoras das forças maléficas e o regresso do sol assinala a vitória do bem sobre o mal.

Os Egípcios cedo elaboram um calendário de 365 dias repartidos por doze meses lunares. É graças à regularidade das cheias do Nilo e às observações dos astrónomos que chegam a esse resultado, necessário à organização das colectas fiscais destinadas a alimentar assiduamente os celeiros do Estado. O ano novo coincide com o nascimento helíaco da estrela do Cão, a nossa Sírio, que ressurge anualmente a leste ao nascer do sol, acompanhando os primeiros sinais das cheias, por volta de 19 de Julho.

Os três grandes períodos agrícolas do Egipto, ritmados pelas cheias do rio, determinam as estações. A primeira é a da «inundação» (*akhet*), que cobre as terras de meados de Julho a meados de Novembro, trazendo a água salvadora nos dias mais quentes do ano. Segue-se a estação do «ressurgimento» (*peret*), ou seja, do retorno das águas ao seu leito e do reaparecimento dos campos, agora ensopados. É durante esta estação, de meados de Novembro a meados de Março, que os camponeses trabalham a terra. De meados de Março a meados de Julho, é a estação da «seca» (*shemu*), que marca o fim das colheitas, altura em que a terra fica gretada e o rio desce ao seu nível mais baixo.

O nascimento da escrita

Para registar datas e acontecimentos, cálculos ou belas narrativas, depressa se fez sentir a necessidade um sistema de notação gráfica, permitindo o desenvolvimento da escrita hieroglífica, ao mesmo tempo que nascia a civilização faraónica. Incorrectamente baptizados «hieróglifos» (*escrita sagrada*) pelos Gregos, os sinais utilizados são pictogramas cujo desenho representa uma realidade concreta do ambiente egípcio: fauna, flora, edifícios, móveis e, naturalmente, seres humanos e divindades. Se, por exemplo, o texto que se quer escrever contém as palavras «gato» e «criança», desenha-se um gato ou uma criança, empregando um «sinal-palavra», ou ideograma. Porém, para exprimir ideias abstractas, como «pensar», «amar», ou «estar triste», o sistema ideográfico não serve. A dificuldade é então contornada através do emprego dos mesmos sinais, não para representar o objecto que figuram, mas pelo seu valor fonético. Assim, o pictograma do «olho» (que se pronuncia *ir*) surge na palavra «olho» enquanto ideograma e entra na composição escrita da palavra *irtyw*, «azul», enquanto fonograma. Para diferenciar palavras homónimas e homófonas, recorre-se a diversos utensílios gráficos. Em geral, os verdadeiros ideogramas são seguidos de um traço vertical. Quando uma palavra se escreve com vários fonogramas, a leitura é auxiliada por sinais determinativos colocados no final dessa palavra para indicar a que categoria semântica ela pertence. Assim, todas as acções do Sol (nascer, pôr-se, brilhar), bem como as noções de tempo e da sua divisão, são «determinadas» pelo pictograma do disco solar.

Foram estas subtilezas, cuja combinação permitiu escrever alguns dos mais belos textos do património literário da humanidade, que Jean-François Champollion conseguiu captar em 1822, devolvendo assim a palavra aos escribas do antigo Egipto. Com a sua descoberta do sistema hieroglífico, Champollion dava à luz a egiptologia, ciência que estuda com rigor e precisão todos os aspectos da civilização faraónica e que se subdivide em diversas especialidades: arqueologia, epigrafia, linguística, história, história de arte, geografia religiosa, antropologia religiosa, estudo dos aspectos profanos, da administração, etc. A beleza das obras egípcias e o aparente mistério dos hieróglifos que as ornamentam despertaram inúmeras vocações de egiptólogos nos países ocidentais. O fascínio exercera-se já sobre os Gregos, quando, na senda de Alexandre, *o Grande*, no século IV a.C., o Egipto foi por eles descoberto. Por seu intermédio, alguns vocábulos egípcios chegaram às modernas línguas ocidentais. É o caso das palavras «ébano», «goma», «saco», «íbis», «oásis», «basalto», «alabastro» ou «nenúfar», que são transcrições fonéticas pouco deformadas dos termos egípcios originais.

A língua egípcia é parcialmente aparentada com as línguas semíticas, com as quais partilha algumas características, em particular o consonantismo: nos textos hieroglíficos, as vogais não são escritas, o que torna muito difícil a reconstituição da pronúncia. Também os acentos tónicos são graficamente ignorados, assim como as flexões devidas à entoação e as particularidades regionais que, não obstante, deviam ser bem marcadas num país que, de norte a sul, se estendia por mais de mil quilómetros. Escrita e falada durante mais de três milénios, a língua sofre uma evolução contínua e bastante bem documentada pelos linguistas. Cerca de 2000 a.C., contam-se uns 700 hieróglifos; no início da era cristã, distinguem-se já uns 5000, de múltiplas formas e valores.

O tempo das pirâmides é o tempo de uma língua arcaica durante o Império Antigo e clássica durante o Império Médio: a cada ano que passa, os progressos da egiptologia permitem precisar melhor o seu sentido e penetrar mais intimamente o pensamento egípcio. Os estudos actuais insistem muito nos constantes jogos de palavras gráficos a que se entregavam os escribas e os decoradores dos templos ou dos túmulos: a correspondência ou mesmo a osmose entre o texto e a imagem é uma regra absoluta, pelo que a leitura das cenas dos monumentos faraónicos não se esgota na mera decifração dos hieróglifos gravados nas paredes. É, em geral, nos textos do tempo das pirâmides, incisos nos muros das *mastabas* (túmulos privados do Império Antigo), que este duplo nível de escrita e de leitura é mais sofisticado e notável.

Os tempos pré-dinásticos

Cerca de 3200 a.C., está já tudo a postos para que o Egipto faça a sua entrada na História e a ordem faraónica impere nas margens do Nilo. É nessa data que se situa o advento dos primeiros faraós, cujos reinados formam a primeira dinastia. Tal começo é, na realidade, o culminar de uma lenta evolução, iniciada perto de 300 000 anos antes da nossa era com o Paleolítico Inferior. Deste longo período dão testemunho os primeiros vestígios de uma aglomeração demográfica e de uma indústria lítica abundante. As culturas que se sucedem no vale do Nilo até ao IV milénio, ou culturas «pré-dinásticas», revelam uma aprendizagem progressivamente mais sólida das técnicas de caça e pesca, recolecção e domesticação de animais selvagens. A cerâmica e a indústria lítica (vasos e paletas de pedra dura) denotam uma habilidade e um sentido artístico deslumbrantes. Entre 3500 e 3200 a.C., o Alto e o Baixo Egipto mantêm contactos tão estreitos que as suas diferenças culturais se esbatem a um ritmo acelerado, prenúncio da unidade política que se está a delinear. Surgem alguns hieróglifos, em estelas funerárias, ao mesmo tempo que despontam fragmentos de um pensamento religioso. Nas estações arqueológicas pré--dinásticas, essencialmente necrópoles, foram encontrados túmulos providos de um rico mobiliário fúnebre, revelador de práticas destinadas por certo a combater as forças do Além. A par destes túmulos, e partilhando com eles grandes semelhanças, surgem sepulturas de animais, por vezes acompanhadas de oferendas em prol da vida do animal após a sua morte. Nestas práticas, há que ver, com toda a certeza, as primícias de um dos traços distintivos da religião egípcia: o culto dos animais.

As dinastias

É a Maneton, sacerdote e sábio egípcio dos reinados de Ptolemeu I e Ptolemeu II (século III a.C.) que devemos a primeira tentativa de redacção de uma história do Egipto e a sua divisão em 31 dinastias. Esta classificação foi mantida pelos historiadores modernos, que, seguindo o seu remoto precursor, qualificam as duas primeiras dinastias como «tinitas», segundo o nome da cidade de Tinis, no Alto Egipto, perto de Abido. Foi, com efeito, na necrópole de Abido que foram encontrados os túmulos dos reis destas duas dinastias, compreendidas entre 3150 e 2700 a.C. Deste período data a fundação da cidade de Mênfis, actual Sakara. Os documentos coevos dão a conhecer os cultos dos principais deuses do panteão egípcio: Ré, Hórus, Set, Osíris, Anúbis, Sokar e o crocodilo Sobek. No exterior, combatem-se os vizinhos do Sul e do Oeste e organizam-se expedições ao Sinai para obter turquesa e submeter os Beduínos. Já nestes tempos os reis se sucedem de pai para filho, celebram o jubileu, a festa *Sed*, e ostentam alternadamente os símbolos do Alto e do Baixo Egipto. No final da II dinastia, a monarquia faraónica controla o Norte e o Sul do país, e Mênfis afirma-se como capital política em detrimento de Abido.

O Império Antigo

O Império Antigo (2700-2200 a.C.) inaugura o tempo das pirâmides e começa com a III dinastia (2700-2625 a.C.), dominada pelo reinado de Djeser, cujo poder e ambição são simbolizados pela célebre pirâmide de Sakara. Auxiliado nos seus projectos pelo não menos célebre arquitecto Imhotep, o faraó tem a ideia de se fazer sepultar num imenso monumento de pedra em forma de pirâmide, qual escadaria gigantesca que lhe permitisse, uma vez morto, aceder ao mundo solar e celeste para aí reencontrar os deuses, seus iguais. Graças à sua capacidade inventiva e ao seu génio, Imhotep levou o Egipto a realizar grandes progressos técnicos e científicos: mais tarde, foi divinizado como santo padroeiro dos sábios. O que se sabe da mentalidade religiosa dessa época revela uma concepção imanente do divino, força vital e física da natureza que rege a ordem cósmica.

A IV dinastia (2625-2510 a.C.) inicia-se com o reinado de Seneferu, cuja fama perdurou na memória popular. Seneferu empreendeu uma política externa muito activa: as suas campanhas militares na Núbia e na Líbia tinham por objectivo fazer milhares de prisioneiros, destinados a constituir uma mão-de-obra barata e trabalhadora, e controlar as zonas de extracção de minério e de exploração de produtos preciosos de África. São atribuídas a este rei três pirâmides, situadas em dois locais diferentes: uma em Meidum e duas em Dahchur.

O planalto de Gizé, dominado pelas pirâmides de Quéops, Quéfren e Miquerinos, é o mais espectacular testemunho dos reinados destes três faraós da IV dinastia. Construtores daquilo a que a posteridade viria a considerar uma das Sete Maravilhas do Mundo, estes monarcas beneficiaram de um poder absoluto sobre o seu povo e de uma corte fiel e dedicada. As pirâmides, aliás, estão rodeadas de cemitérios de particulares, onde, de ambos os lados das ruas, em esplêndidas mastabas, se encontram gravados os nomes dos cortesãos e dignitários do regime. A esfinge, leão majestoso de cabeça real, entra na iconografia faraónica e vem recordar a natureza divina do soberano, herdeiro de Hórus, primeiro rei mítico do Egipto.

Userkaf sobe ao trono em 2510 a.C. e abre a V dinastia, marcada pela preeminência do culto solar. Doravante, os faraós intitulam-se «filhos de Ré» e edificam templos solares em Abu Gurab, bem como em Abusir, perto das suas pirâmides. Prosseguindo a política externa dos seus predecessores, vemo-los comerciar com a Núbia, o Sinai e a Síria-Palestina. Isési e Unas fazem-se sepultar novamente em Sakara. Nas paredes dos túmulos reais aparecem os *Textos das Pirâmides*, grande livro de fórmulas mágicas destinadas a permitir ao rei solarizado encontrar os seus pares no Além. A V dinastia é próspera;

nela se verifica um aumento sensível do número e do poder dos funcionários do Estado. A tradição póstuma atribui ao vizir Ptahhotep uma recolha de *Máximas* que têm por finalidade incitar à obediência e ao respeito pela ordem moral estabelecida.

No final da V dinastia (2460 a.C.), o Império Antigo chegou ao apogeu da sua glória. É então que as missões e atribuições pouco a pouco cedidas pelo poder central às autoridades locais geram uma miríade de sistemas feudais que virão a escapar ao controlo dos reis da VI dinastia (2460-2200 a.C.) e a desencadear a sua queda. As grandes figuras desta dinastia são Pepi I e Pepi II, sendo que Maneton refere, para o primeiro, um reinado de quarenta anos e, para o segundo, de noventa e cinco! As actividades políticas seguem o seu curso e intensifica-se a conquista da Núbia, com a colonização dos oásis do deserto do Oeste (Dakhla), ponto de passagem para o Sul. Mas as intrigas e as conjuras agitam a vida da corte e põem em perigo a vida dos soberanos. Aos poucos, a administração descentraliza-se e o poder legítimo parece esboroar-se em proveito dos governantes locais, ou *nomarcas*, que obtêm privilégios e imunidades, acabando por reger sozinhos os seus domínios e deixar de prestar contas ao soberano. Uma das melhores provas deste aumento de poder dos administradores de província reside na riqueza e opulência das necrópoles do Médio e do Alto Egipto. De Assuão a Deir el-Gebraui, passando por Balat, no oásis de Dakhla, amplas mastabas ostentam múltiplas câmaras decoradas com relevos ou pinturas a descrever o proprietário nas suas terras como um senhor no seu feudo. Sabe-se, por outro lado, que o cargo de nomarca, antes obtido por nomeação régia, se tornou hereditário.

Entre as principais causas das mudanças de ordem política, económica e social que afectam o vale do Nilo cerca de 2200 a.C., não deverá ser ignorado o papel das alterações climáticas que ocorreram na altura. A humidade atenua-se e a chuva deixa de regar as terras, tornando indispensável a irrigação e transformando a produção agrícola. Simultaneamente, a população aumenta e concentra-se no vale, fugindo às estepes, conquistadas pela aridez. Cabe então aos nomarcas organizar a irrigação e a sua rede de canais, o que tem como consequência permitir-lhes um controlo eficaz das colheitas da sua região e uma cobrança de impostos sistemática sobre esses produtos.

O Primeiro Período Intermédio

«Primeiro Período Intermédio» é a expressão que designa tradicionalmente o intervalo de tempo que medeia entre o final do Império Antigo e o início do Império Médio, ou seja, da VII à XI dinastia (2200-2065 a.C.). Caracteriza-se, no seu começo, por uma época de tumultos, ou mesmo de revolução, cuja violência deixa nas gerações seguintes a memória de uma crise pavorosa. Durante os conflitos, os túmulos são destruídos, o trabalho é abandonado e os edifícios da administração são atacados. Os deuses suscitam ironia e cepticismo; a crença na vida da alma após a morte perde vigor; e o prestígio da monarquia desmorona-se por completo. Os ricos emigram. Aqui e ali, surgem figuras secundárias que se arrogam o título de «rei do Alto e do Baixo Egipto» e que assumem o poder em pequenos Estados retalhados. A lista real de Abido, que regista a sucessão dos faraós, refere 25 reis só na VIII dinastia, que apenas durou trinta anos! No Delta, a situação não é melhor: a região é assolada por invasores vindos de Leste e baptizados «Asiáticos» nos textos. Logo os Beduínos se lhes juntam. No Médio Egipto, Heracleópolis torna-se uma minicapital e a sua autoridade parece estender-se até Assuão. A partir de cerca de 2130 a.c., assiste-se a lutas incessantes entre províncias rivais, alinhadas ora ao lado do príncipe de Tebas, no Alto Egipto (actual Luxor), ora ao lado do príncipe de Heracleópolis, no Médio Egipto. A vitória é finalmente conseguida em 2061 a.C. pelo tebano Montuhotep II, quinto rei da XI dinastia.

O Império Médio: a reunificação

Deste modo se inicia o Império Médio (2065-1785). Originária de Tebas, a nova dinastia não tarda a pacificar o país, delegando o poder sobre as províncias em homens com quem partilhava a origem geográfica. No ano 39 do seu reinado, Montuhotep auto-intitula-se «Sema-taui», «aquele que uniu as duas terras», demonstrando assim que a ordem faraónica foi restabelecida em todo o território. A administração territorial recuperada faz-se acompanhar de uma política de grandes obras, que cobre o país de templos consagrados aos deuses tradicionais: Osíris, Amon, Montu e Tot. Fora de portas, as campanhas militares voltam a alimentar o Egipto com mão-de-

-obra e produtos diversos, enquanto uma cintura de fortalezas vem guarnecer o Delta para servir de barreira a novas invasões.

A XII dinastia (1991-1785), com os seus Amenemhat e os seus Sesóstris, assinala o apogeu do Império Médio. A residência real volta a deslocar-se: *Iti-taui*, actual Licht do Faium, na junção do Alto com o Baixo Egipto, é a nova capital do reino. A sua situação geográfica intermédia faz dela um posto de controlo privilegiado das maquinações, quer das províncias do Norte, quer das do Sul. É no deserto de Licht que virão a ser encontradas as pirâmides dos faraós da XII dinastia, de dimensões mais modestas que as dos seus predecessores do Império Antigo, mas fruto da mesma vontade de garantir o melhor acesso ao reino de Osíris, deus do Além.

A administração é totalmente reformulada; são criadas novas repartições, exigindo um recrutamento de escribas rápido e eficaz. A necessidade urgente de funcionários zelosos propicia o surgimento de uma classe média que sabe ler e escrever e pronta a servir fielmente o seu novo amo e empregador. Deparamos com os seus nomes nas incontáveis estelas funerárias descobertas em Abido, próximo do santuário de Osíris, cuja protecção *post-mortem* reclamam.

As expedições militares submetem a Núbia até à segunda catarata, onde se vão acantonar várias guarnições, em fortalezas imensas hoje submersas pelas águas da grande barragem de Assuão. Para norte, a influência egípcia faz-se sentir até Biblos, cujo príncipe se coloca numa posição de vassalagem relativamente ao seu poderoso vizinho. Em Serabit el-Khadim, no coração do Sinai, subsistiram inscrições comemorativas de perto de cinquenta expedições que ali chegaram para extrair turquesa. A economia prospera: a região do Faium é alvo de uma intervenção activa, com a construção de novas cidades e a conquista de terras aráveis ao deserto.

Os reinados demasiado longos de Sesóstris III e de Amenemhat III, com cerca de meio século cada, são seguramente a causa de um certo desgaste e esgotamento desta brilhante XII dinastia, que uma mulher-faraó, Nefrusobek (1790-1785 a.C.), vem encerrar: com a sua morte, em 1785 a.C., começa aquilo a que os historiadores chamaram o «Segundo Período Intermédio» (1785-1580 a.C.), o qual, ao contrário do primeiro, não fica marcado por nenhuma grande revolução. É, contudo, o fim do tempo das pirâmides: depois deste período, o aspecto do túmulo real não voltará a assumir essa forma, tão característica dos costumes fúnebres dos primeiros faraós.

Fontes abundantes mas incompletas

Para trazer de novo à vida os egípcios do tempo das pirâmides no seu quotidiano, os egiptólogos dispõem de diversas fontes. À primeira vista, tal documentação, com os seus 5000 anos de idade, pode parecer abundante, mas a cada pesquisa particular são descobertas novas lacunas. A primeira dessas fontes consiste na leitura dos textos contemporâneos escritos em hieróglifos ou em grafia hierática, essa escrita cursiva com base nos hieróglifos que se encontra nos papiros e nos fragmentos de cerâmica utilizados como rascunho (*ostraca*). Alguns papiros documentais, infelizmente fragmentários, fornecem informações preciosas acerca da organização do trabalho, da vida nos templos, do abastecimento, etc. A decifração das inscrições gravadas pelos trabalhadores ou pelos seus chefes nas minas e pedreiras do Sinai ou do Uadi Hammamat, por exemplo, dá um contributo muitíssimo útil para o nosso conhecimento das expedições. A arqueologia e a pesquisa no terreno fornecem a outra grande fonte de informações sobre o tempo das pirâmides. Os túmulos de particulares, com as suas séries de imagens, pintadas ou gravadas, de cenas quotidianas legendadas por colunas de hieróglifos, são o que melhor nos esclarece sobre o mundo egípcio. Erigidos para a eternidade, os túmulos resistiram melhor à acção dos séculos do que as casas de tijolo cru ou os frágeis papiros. Relativamente ao Império Antigo, foram contados, de Gizé a Assuão, quase 600 túmulos decorados; o seu estudo permitiu traçar um inventário completo das cenas da vida quotidiana. Ao fazer-se sepultar, o Egípcio desejava ser acompanhado no Além por testemunhos concretos da sua vida neste mundo. Para tanto, não deixava de mandar representar nas paredes do seu túmulo os acontecimentos marcantes da sua existência, os membros da sua família, o exercício da sua profissão, aquilo que o rodeava.

Com algumas excepções, o Delta está ausente das fontes do tempo das pirâmides: os níveis arqueológicos desse período permanecem enterrados ou foram definitivamente destruídos. No vale do Nilo, em compensação, as estações de Gizé, Abu Roach, Abusir, Sakara, Dahchur, Meidum, Licht, Ilahun, Beni Hassan, Deir el-Gebraui, el-Hauauish, el-Bersheh, Naga ed-Der, Abido, Dendera, Luxor, Mo'alla, Edfu e Assuão proporcionam vestígios epigráficos ou arqueológicos de primeira ordem para a época que nesta obra nos interessa. Na década de 60, os trabalhos empreendidos com a maior urgência nas estações faraónicas da Núbia, antes de as águas da barragem de Assuão as fazerem desaparecer irreversivelmente, lançaram uma nova luz sobre as relações entre e Egipto e a África dos III e IV milénios antes da nossa era. Fora do vale do Nilo, no oásis de Dakhla, as recentes escavações do Institut français d'Archéologie orientale na estação de Balat permitem alargar o nosso campo de investigação e ter acesso a fontes profanas nunca antes imaginadas. Foram escavadas aglomerações civis. Os vestígios de cidades ou aldeias e as ruínas de Balat, de Ilahun e de fortalezas núbias permitem-nos fazer uma ideia do urbanismo de tijolo cru do tempo das pirâmides. É reunindo todos os elementos desse quebra-cabeças antigo que podemos, tal como um arqueólogo perante os seus fragmentos, reconstituir a vida quotidiana nas margens do Nilo desse tempo.

Súbditos do Faraó

Com os seus 1000 quilómetros de extensão, as suas províncias de vincado carácter regional, o seu Delta aberto às influências asiáticas e o seu sistema económico assente no controlo permanente do rendimento agrícola, o Egipto não podia ter deixado de criar, desde muito cedo, estruturas administrativas fortes e eficazes, inteiramente dedicadas ao serviço do governo faraónico.

As rédeas do país, tem-nas na mão o faraó, personagem dotada de uma natureza mítica, da esfera do dogma. «Os seus olhos perscrutam o fundo de qualquer ser... Mais do que o disco solar, é ele que ilumina as duas terras (o Alto e o Baixo Egipto). Mais do que a maior inundação, é ele que reverdece os campos. É ele que enche de força e de vida as duas terras. Volvem-se os rostos em pedra se a ira o assalta, torna o sangue a correr se ele se acalma. Àquele que o segue, garante a subsistência... Ao inimigo, a indigência.» Eis o que se lê nas primeiras linhas de um texto de propaganda real do Império Médio. Na sua essência, o faraó não é um homem como os outros, pois é o único intermediário possível entre os homens e os seus deuses. É um homem que representa o papel de um deus e que exerce uma função divina, a de Hórus, primeiro rei do Egipto, segundo a mitologia. Os textos não se abstêm nunca de recordar esta natureza semidivina; o faraó é designado como «o filho do deus», «a imagem do deus», «o predilecto dos deuses», «aquele que goza do favor dos deuses». A partir de Didufri, filho e sucessor de Seneferu, o rei proclama-se «filho de Ré» e coloca-se sob a protecção directa do deus-sol, benfeitor da humanidade: «Ré pôs o rei para todo o sempre na terra dos vivos para julgar os homens, agradar aos deuses, fazer o Bem e destruir o Mal.» Para legitimar uma tão peculiar relação com os deuses, o faraó dispõe do «protocolo real», que se constitui ao longo do Império Antigo e que, nos cinco títulos que lhe atribui, resume a sua ascendência de excepção. Na sua entronização, o faraó recebe cinco nomes «de baptismo», que relembram a sua condição: de herdeiro de Hórus; de herdeiro de Nekhbet e Uadjit (as deusas tutelares do Alto e do Baixo Egipto); de falcão de ouro (a carne dos deuses); de rei do Alto e do Baixo Egipto; e, como vimos, de filho de Ré. Quanto aos baixos-relevos dos templos e dos santuários, mostram o faraó a ser acolhido no mundo dos deuses como um seu par. Fala-lhes de igual para igual e recebe deles as qualidades que o tornam um ser único. É sob a sua protecção que o soberano exerce as suas funções, cujo objectivo é, essencialmente, activar todos os meios necessários para manter a *Maât*. Todo o equilíbrio nacional, e mesmo cósmico, repousa nesta noção fundamental, que engloba simultaneamente a paz social, a justiça, a verdade, a ordem, a confiança e todos os factores de harmonia passíveis de tornar habitável o mundo. A morte de um rei é sentida como um cataclismo que se abate sobre o país; apenas a subida ao trono do seu sucessor restabelece a ordem exigida pelos deuses e desejada pelos humanos. Quando morre, o rei ascende ao paraíso dos deuses: «Ao sétimo dia do terceiro mês da estação de *akhet* do ano 30, o rei do Alto e do Baixo Egipto Sehetepibrê subiu ao seu horizonte e uniu-se ao disco solar, enquanto os seus divinos membros se juntavam aos do seu Criador. A Morada real mergulhou no silêncio e os corações na aflição, cerrada permaneceu a grande porta dupla do Palácio, prostrados os cortesãos, de cabeça nos joelhos, enquanto o povo soltava gritos de lamento», conta o relato romanesco de Sinuhe à morte de Amenemhat I.

Também os atributos, vestes e símbolos do faraó o aparentam aos habitantes do Além. O soberano não enverga a tanga comum das gentes deste mundo, mas o *shendjit*, espécie de avental pregueado com uma peça de tecido triangular à frente. Da cintura, pende-lhe uma cauda de touro, a lembrar a equivalência entre a sua força e a do animal. Tal como aos deuses, enfeita-lhe o queixo uma barba postiça, direita ou curva. Completa-lhe a indumentária um elemento essencial: a coroa. Nunca o faraó se apresenta de cabeça descoberta, sendo cada uma das suas coroas escolhida em função do momento e conferindo-lhe um poder específico, adequado a cada ocasião. A coroa dupla é uma combinação das coroas vermelha e branca, símbolos do Baixo e do Alto Egipto. A sua fusão na fronte real designa o exercício do poder sobre as duas partes constitutivas do reino. O seu toucado mais corrente é o *nemês*, que sugere um lenço listado cujas pontas lhe cairiam sobre o peito. Todas as esfinges – imagens dos reis representados como leões – ostentam um *nemês*. A testa do monarca é ainda ornada pelo *uraeus*, cobra fêmea erguida como um escudo protector cujo sopro ardente aniquila qualquer inimigo. Na mão, exibe insígnias de prestígio: o longo bastão curvo, que evoca o cajado de um pastor conduzindo o rebanho, e o chicote, que servia igualmente de enxota-moscas.

A dificuldade de ser rei

Mas o faraó também é um homem, sujeito à doença ou simplesmente ao envelhecimento. Para renovar a sua força e o seu vigor, celebra-se um ritual jubilar cuja origem remonta aos primeiros tempos da época histórica. Realizada teoricamente ao fim de trinta anos de reinado e, em seguida, a cada três ou quatro anos, a festa *Sed* destina-se a regenerar a força física e as capacidades mágicas do rei. Após o enterro ritual da estátua do rei velho, o rei «rejuvenescido» visita numerosos santuários do país e pratica exercícios desportivos como a corrida ou o tiro com arco, manifestações da sua renovada juventude, num espectáculo perante um cortejo de sacerdotes e de dignitários.

A maioria das fontes de que dispõem os egiptólogos pertence à literatura oficial, emitida pelas repartições do palácio em prol da ideologia real. Não é muito fácil, por isso, detectar a personalidade ou as fraquezas do faraó por detrás de uma ideologia de propaganda. Ainda assim, emergem do tempo das pirâmides algumas figuras reais para matizar a nossa visão de tais personagens. Seneferu (2630-2605 a.C.) é apresentado pela tradição póstuma como um rei generoso e benévolo, ao passo que o seu filho Quéops (2605-2580 a.C.) tem a reputação de ter sido um faraó sanguinário e despótico, que teria ordenado, por exemplo, que cortassem a cabeça de um homem para ver se o seu mago conseguiria pô-la de novo no lugar. A cabeça de Didufri (2580-2570 a.C.), conservada no Museu do Louvre, revela um homem cheio de concentração e doçura, que facilmente imaginamos preocupado com a miséria humana. Mas são sobretudo os inúmeros retratos de Sesóstris III (1878-1842 a.C.), já idoso, que nos impressionam, pela tristeza e pela gravidade que exprimem. Recusando a fazer-se representar com os traços de um homem eternamente jovem e dinâmico, como exigido pelas convenções oficiais, Sesóstris III mostra um rosto marcado pelo tempo e pelo cansaço, onde transparece a humanidade e a atenção aos outros.

Alguns textos, escritos por reis que atravessaram duras provas ao longo dos seus reinados, trazem-nos igualmente esclarecimentos preciosos acerca da condição do faraó. O *Ensinamento a Merikaré*, rei da X dinastia, e o *Ensinamento de Amenemhat I* ao seu filho Sesóstris I (c. 1965 a.C.) são testemunhos pessoais das dificuldades humanas com que depara o faraó em exercício, o qual se abre com o seu sucessor numa espécie de testamento, lúcido e sem ilusões. Amenemhat I escapou a um atentado urdido na própria corte e sente-se traído pelos seus. Tal como o pai de Merikaré, aconselha a desconfiança mas recomenda que o faraó procure fazer-se amado, ser clemente e não maltratar ninguém.

Os vestígios dos palácios reais do tempo das pirâmides, quando existem, encontram-se em tão mau estado de conservação que se torna difícil reconstituir o ambiente material em que vivia o faraó. Não obstante, o mobiliário fúnebre da rainha Hetep-heres, mãe de Quéops, descoberto intacto em 1925, revela um estilo de vida palaciano de grande subtileza e um sofisticado sentido de conforto. Um grande pálio desmontável de madeira folheada a ouro servia de abrigo à família real nas cerimónias ao ar livre, enquanto uma liteira de ébano permitia à rainha deslocar-se sem tocar no chão. O resto do mobiliário – leito, poltronas, cadeiras, louça – é de grande qualidade artesanal e distingue-se pela sobriedade e pelo requinte.

O vizir, primeiro-ministro do faraó

Detentor de todos os poderes, o faraó está sobrecarregado de trabalho. Em teoria, é ele o único proprietário do país, único sacerdote, único juiz e único guerreiro. Para cumprir a sua missão, rodeia-se de ministros e de funcionários, que trabalham sob o controlo do vizir, verdadeiro primeiro-ministro do governo faraónico. No Império Antigo, todos os postos-chave da administração são confiados a altos funcionários escolhidos entre a família real, que vive em Mênfis, capital do reino e sede do governo central. Quando morrem, para os sepultar, constroem-se belas mastabas gravadas e pintadas, nas necrópoles de Gizé e Sakara, junto das pirâmides do seu soberano. Os seus títulos, inscritos nos alizares das portas dos seus túmulos, indicam o grau de parentesco que tinham com a pessoa real e o cargo ministerial que ocupavam. A abundância de títulos e de funções revela uma administração já muito organizada e hierarquizada em ministérios, departamentos e repartições.

As funções do vizir e as formas do seu recrutamento conheceram importantes modificações ao longo dos séculos, mas um texto conhecido como *Instruções para o Vizir* dá uma boa ideia do papel desta importante personagem na primeira metade do II milénio. Aquando da cerimónia da sua nomeação, o vizir ouve o discurso do rei, que o insta, acima de tudo, a praticar a justiça e a resolver as mil e uma dificuldades que vão surgindo: «Assume o cargo de vizir, vela por tudo o que em seu nome se faz, pois este cargo constitui o amparo do país inteiro. Na verdade, o vizirato não é doce; é tão amargo como o fel.» O cargo, aliás, era tão pesado que teve por vezes de ser repartido por dois ou por três, ocupando-se cada vizir de uma região administrativa do país ou de um serviço particular. Isto porque o vizir tem competência sobre todos os domínios: justiça, agricultura, irrigação, polícia, ordem pública, atribuição de terras, vigilância das reservas de cereais do Estado, impostos, finanças, grandes obras, expedições às minas e pedreiras.

Além disso, a singularidade geográfica e topográfica do Egipto complica consideravelmente a administração. De facto, como controlar eficazmente províncias separadas da capital por vários dias de navegação ou de marcha a pé? A solução adoptada foi descentralizar parte dos poderes, delegados em funcionários transferidos para as províncias, ou, melhor ainda, em notáveis locais. Em troca dos seus serviços, o rei outorgava-lhes privilégios e concessões de vulto, que não pararam de aumentar durante a VI dinastia. Foi assim que se constituíram os *nomes*, ou províncias, que dividiam o território em entidades administrativas dirigidas por *nomarcas*. A sua fidelidade para com o poder central foi desigual, forte como era a tentação de se erigirem em potentados independentes, em particular quando o governo de Mênfis se apresentava enfraquecido. No final da VI dinastia (c. 2000 a.C.), Isi, nomarca nomeado para Edfu, 800 quilómetros a sul da capital, resiste à vaga de autonomias e recorda sem modéstia a sua lealdade para com o faraó Merenré: «A Majestade de Merenré fez-me subir o rio até ao *nome* de Edfu, enquanto amigo único, chefe de *nome*, responsável pela cevada do Alto Egipto e responsável pelos profetas, porque eu era capaz e tinha a estima de Sua Majestade. Foi-me depois confiada a função de senhor de todos os chefes do Alto Egipto. Consegui que os touros deste *nome* fossem mais numerosos do que os touros que estavam nos estábulos de todo o Alto Egipto. A verdade é que não foi coisa que tivesse achado já feita pelo meu predecessor, porque fui eu quem foi vigilante e porque a eficácia imperou quando fui eu a dirigir os assuntos para o Palácio. [...] Neste *nome*, dei pão ao que tinha fome e roupa ao que andava nu. [...] Fui eu quem neste *nome* sepultou todo aquele que não tinha herdeiro, com linho dos meus próprios bens. Subjuguei, em nome do Palácio, todas as terras estrangeiras, tão eficaz era a minha vigilância a esse respeito, e por isso o meu senhor me compensou. [...]» Semelhante satisfação consigo mesmo não é talvez exagerada, pois este nomarca foi uma figura tão carismática na sua província que se tornou um dos raros humanos a serem divinizados e a suscitarem um culto pessoal a título póstumo.

O ministério mais importante é o do Tesouro, do qual depende a economia do reino. Sob o controlo directo do vizir, divide-se em dois serviços: o «Tesouro Branco», que se ocupa das finanças do Alto Egipto, e o «Tesouro Vermelho», que se dedica aos assuntos do Baixo Egipto e que trabalha em paralelo com o primeiro. O seu papel é fiscal e orçamental: colecta de impostos e redistribuição das matérias e das receitas em função das necessidades económicas e das grandes obras do Estado. Ao lado das repartições do Tesouro, trabalham o «chefe dos dois celeiros» e os seus inúmeros adjuntos, com a função de registar os géneros armazenados nos entrepostos reais por conta do imposto anual.

As reformas administrativas do Império Médio

Após o Primeiro Período Intermédio (2200-2060 a.C.), que assiste à derrocada do poder central e ao desmantelamento das estruturas políticas do Império Antigo, os faraós da XII dinastia (1991-1785 a.C.) e os seus vizires organizam de outra forma a administração. Em vez de se apoiarem nas grandes famílias regionais, parece-lhes mais seguro fidelizar o pessoal administrativo recrutando os seus quadros entre a classe média. Temendo ver de novo o país cair na anarquia e esvaziarem-se os celeiros, a pequena burguesia egípcia só tinha a ganhar com a entrada na administração, que, mais a mais, estava a oferecer cargos prodigamente para restaurar a autoridade central. Abrem-se escolas, formam-se escribas e distribuem-se lugares na função pública, criando assim, em duas gerações, uma classe de funcionários dedicados. A capital desloca-se para Licht, no Médio Egipto, que acolhe os novos serviços.

Na capital, multiplicam-se os escribas, tal a quantidade do que há para registar, copiar e arquivar. Os funcionários, satisfeitos com a sua recente ascensão social, procuram fazer entrar os seus próximos no mesmo ramo «socioprofissional». Acontece, deste modo, que, numa família consagrada à manutenção da ordem, um pai alistado nas forças de segurança tenha um filho na polícia, um irmão no corpo da guarda e um sobrinho oficial de justiça. A esperança de uma promoção ou de uma recompensa pode levar alguns a dar provas de um zelo extremo no cumprimento das suas funções. Dedu-Sobek, comissário da polícia, vangloria-se, numa das suas estelas funerárias, de ser aquele «que sabe fazer falar o dissimulador, que conhece um homem pelas suas palavras, que leva o corpo a revelar o que tem escondido, que leva o peito a vomitar o que engoliu [...] que satisfaz o Rei investigando e punindo o desordeiro, que instrui o processo que conhece a fundo, aquele com quem o rei farta os celeiros».

Ainda assim, era aconselhada uma certa reserva a esta nova classe: «Não corrompas os magistrados nem incites o justo à revolta. Não favoreças o bem vestido nem desprezes o andrajoso. Não aceites presentes do poderoso nem persigas o fraco.» Eis o que desde a escola lhes é ensinado. Humildade e paciência eram o segredo de uma carreira honesta, porque a hierarquia tinha o seu peso nas salas da administração e as promoções não eram automáticas. Os manuais de civilidade insistem tanto nos perigos da corrupção que somos forçados a concluir ser este um mal muito corrente. No espírito dos administrados, a desonestidade dos funcionários é sentida como uma injúria à ordem estabelecida pela *Maât*. A literatura fez mesmo deste tópico o assunto de algumas das suas obras mais populares. É o caso do *Conto do Camponês*, que põe em cena um homem do campo a quem um salteador roubou os bens e que chega à cidade para apresentar queixa junto de um alto funcionário da justiça. Segue-se uma lamúria interminável, que deixa indiferente o homem da lei, divertido com o discurso do queixoso. O funcionário injusto é então comparado a «uma cidade sem governo, um grupo sem chefe, um navio sem comandante [...] um polícia feito ladrão, um chefe local que se deixa subornar», ao passo que o funcionário íntegro é «para o órfão um pai, para a viúva um esposo, para a divorciada um irmão, para quem perdeu a mãe uma ama».

A política externa

A guerra, os assuntos externos e a conquista de territórios são domínio reservado do faraó. Vencer o inimigo é ainda uma maneira de fazer respeitar a *Maât*. Um hino a Sesóstris III (1878-1842 a.C.) exprime bem esta imagem do faraó guerreiro e protector: «Salve a ti [...] que subjugas as terras estrangeiras com a força das suas mãos, que massacras os Bárbaros sem que um pau seja atirado, que lanças flechas sem que a corda se retese. Basta o terror que inspira o rei para fulminar os Núbios na sua terra, para abater os Asiáticos. [...] É ele o homem jovem, único e divino, que luta pelas suas fronteiras, que ao seu povo não deixa conhecer a fadiga, que aos homens permite dormir até o dia raiar [...].»

No terreno, o faraó rodeia-se de um conselho de generais experientes, de oficiais, de militares de carreira e de homens de combate. No tempo das pirâmides, o exército regular compreende regimentos de pequenas dimensões, sem comparação com o que há-de ser a partir do Império Novo, quando os Amenófis e os Ramsés batalharem incessantemente contra os seus vizinhos. O homem egípcio é por natureza pacífico, mais dado a cultivar os seus campos ou a pescar nas lagoas do que a pegar em armas. Nenhum termo do vocabulário egípcio corresponde à nossa palavra «guerra», achando-se, quando muito, vocábulos que designam o combate ou a batalha. Quis o acaso que os desertos e o Mar Mediterrâneo constituíssem barreiras naturais contra potenciais inimigos, que, no entanto, não eliminam totalmente. Da Ásia, pelo Sinai e pelo Delta, e de África, pelo corredor do Nilo, podem sempre aparecer, respectivamente, os Beduínos, esses «Habitantes-da--Areia», e os Núbios, que, desde o início da História, surgem como os adversários tradicionais do Egipto. Uma vez subjugados, estes últimos serão por seu turno incluídos no exército e formarão valiosos corpos de elite para lutar ao lado dos Egípcios.

O soldado egípcio distingue-se pelo «uniforme» que os baixos--relevos e as pinturas lhe atribuem: apresenta-se quase sempre nu, com uma protecção das partes baixas atada à cintura e uma pena presa ao cabelo. Nos desfiles, enverga uma tanga curta e marcha de escudo e armas na mão. No combate corpo a corpo, o soldado brande a maça, o machado e a faca, talhada em sílex aguçado. Para atingir o inimigo de longe, a arma mais comum é o arco e flechas, mas por vezes também a funda e o bumerangue. O escudo, única arma defensiva conhecida, é de madeira forrada a couro.

Relativamente ao Império Antigo, há cenas de batalha que fornecem pormenores precisos sobre as tácticas de combate. Em geral, a acção decorre na Palestina, em redor de uma fortaleza sitiada pelos Egípcios. No túmulo de Khaemuaset (VI dinastia, c. 2250 a.C.), em Sakara, pode ver-se os soldados atacar com alviões e machados um campo fortificado onde se abrigam homens, mulheres, crianças e animais. Um grupo de egípcios escala a muralha por uma escada que deslocam sobre rodas. Ao longe, inicia-se um combate corpo a corpo, enquanto um pastor tenta pôr a salvo o seu rebanho, sentindo que tudo está perdido para os seus. No Médio Egipto, em Deshasheh, o relevo do túmulo de Inti (V dinastia, c. 2480 a.C.) proporciona uma imagem mais viva ainda pelas legendas que o acompanham. Junto da fortaleza, agrupam-se os soldados e preparam-se os arqueiros. Já começou o corpo a corpo entre os egípcios, munidos de machados, e os seus adversários, armados de maças mas já feridos por uma chuva de flechas lançada à distância. Depois, dá-se o assalto, por cima e por baixo: enquanto alguns sobem a uma escada para penetrar na fortaleza, outros escavam um túnel sob as muralhas. Lá dentro, reina a maior angústia. Um homem tenta fazer calar os gritos para ouvir as pancadas do aríete que abala o muro, mas o comandante já perdeu a cabeça: arranca os cabelos, insensível às palavras de alento da mulher a seus pés. As mulheres socorrem os feridos ou vão buscar os cobardes que se escondem; um velho arranca uma criança aos braços da mãe na esperança de a pôr a salvo. O combate é desigual e os prisioneiros não tardam a desfilar atados uns aos outros e escoltados por um soldado egípcio, que leva aos ombros uma menina, qual espólio de guerra.

Estas incursões bélicas na Palestina eram esporádicas e tinham por único fim arrefecer o ímpeto dos Asiáticos criando uma zona--tampão estanque do lado do istmo do Suez. Uma grande inscrição autobiográfica assinada por Uni, favorito do rei Pepi I (c. 2300 a.C.), descreve com ardor e exaltação os seus feitos enquanto general na campanha em que, enviado pelo rei, foi rechaçar um ataque de nómadas. Depois de enumerar todas as tropas que teve de recrutar, incluindo mercenários núbios, declara: «Fui eu que lhes forneci o plano [aos governadores das regiões em causa], dado o rigor da minha organização, para que ninguém ofendesse nenhum dos seus camaradas, ninguém roubasse o pão ou o calçado a quem encontrasse pelo caminho, ninguém roubasse roupa em nenhuma aldeia nem furtasse uma cabra a quem quer que fosse.» Curiosamente, Uni não avança qualquer pormenor técnico sobre um combate tão bem organizado e prossegue de imediato a apresentar os resultados: «O exército regressou em paz, depois de ter arrasado a terra dos "Habitantes-da-Areia". O exército regressou em paz, depois de ter devastado a terra dos "Habitantes-da-Areia". O exército regressou em paz, depois de ter derrubado as suas cidades fortificadas. O exército regressou em paz, depois de ter cortado os seus olivais e as suas vinhas. O exército regressou em paz, depois de ter queimado todos os seus homens. O exército regressou em paz, depois de ter morto grande parte das suas tropas. O exército regressou em paz, depois de ter feito um grande número de prisioneiros.»

O general Uni foi enviado cinco vezes em expedições punitivas contra os «Habitantes-da-Areia» e, depois, em missão à Núbia, com o propósito exclusivo de trazer o granito vermelho necessário à construção da pirâmide de Pepi I. Com Biblos, na Fenícia, tinham já sido estabelecidas relações comerciais pacíficas: daí importava o Estado egípcio grande quantidade de madeira de abeto e de cedro para a construção naval e para os sarcófagos destinados à classe dirigente.

O Egipto e a África

No Império Antigo, as campanhas militares para sul devem-se a razões comerciais. Para desimpedir o acesso às regiões produtoras das mercadorias e matérias-primas que os Egípcios tanto cobiçam, torna-se necessário enviar regularmente à Baixa Núbia tropas aptas para combater as populações hostis à terra dos faraós. Herkhuf, administrador do Alto Egipto cerca de 2250 a.C., conduz três missões ao coração de África, que relata nos alizares do seu túmulo, em Assuão: «[...] Tornei a descer ao Egipto com 300 burros carregados de incenso, ébano, óleo-*hekênu*, grãos de *sat*, peles de leopardo, presas de elefante, bumerangues e todo o género de coisas belas e valiosas.» Herkhuf não diz tudo nesta inscrição, mas publica noutro lado uma cópia da missiva que o rei lhe enviou: «[...] Dizes ter trazido tudo o que há de excelente e de belo. [...] Dizes ter trazido da terra dos habitantes do horizonte um pigmeu para as danças do deus. [...] Vem imediatamente à corte e traz contigo esse pigmeu. [...] A Minha Majestade deseja ver esse pigmeu mais do que todas as maravilhas da Terra de Punt.» Por ocasião destas missões, as expedições egípcias aproveitavam ainda para recrutar tropas núbias, cujos batalhões formavam um corpo especial de arqueiros no seio do exército.

Um exército regular

Após o Primeiro Período Intermédio (2200-2060 a.C.), que vira os príncipes matar-se entre si pelo poder e os egípcios atacar os seus irmãos, fez-se sentir a necessidade de manter um exército regular de envergadura, tanto para assegurar a ordem interna como para conquistar novos territórios. Uma vez mais, é à classe média que os dirigentes da XII dinastia vão buscar os novos quadros militares. Distinguem-se então os milicianos, acantonados nas cidades e nas aldeias, dos guerreiros e das escoltas, que operam quer em combate, quer como batalhões armados com a missão de acompanhar as expedições às minas e pedreiras.

Foi inicialmente contra a Núbia que os soberanos da XII dinastia (1991-1785 a.C.) pegaram em armas, conduzindo uma política colonialista sistemática, procurando por todos os meios «alargar as fronteiras». Assiste-se então à colonização e egipcianização da Baixa Núbia, até à segunda catarata, como prova a estela fronteiriça gravada no tempo de Sesóstris III (1878-1842 a.C.) e erigida em Semna, 500 quilómetros a sul de Assuão: «Fronteira meridional, feita no ano 8 sob a Majestade do Rei do Alto e do Baixo Egipto, que para sempre há-de viver, a fim de proibir que todo e qualquer núbio a transponha, de barco ou com qualquer tropa núbia, a menos que esse núbio venha comerciar em Buhen ou traga uma mensagem ou seja o que for de bom augúrio, sem por isso autorizar eternamente um barco núbio a atravessar Semna para rumar a norte.» Semna e Buhen são os nomes de duas das sete fortalezas construídas nas margens escarpadas do rio, a montante dos rápidos agitados da segunda catarata. Esta cintura de fortificações fluviais é o primeiro exemplo conhecido de arquitectura militar organizada como rede defensiva erguida em vários locais. Hoje submersas na albufeira da barragem de Assuão, as fortalezas da Núbia forneceram pormenores preciosos acerca da vida dentro das suas altas muralhas graças às investigações levadas a cabo com carácter de urgência por equipas de arqueólogos que a subida das águas acabou por expulsar. Bairros de habitação, edifícios administrativos, santuários e casernas encontravam-se instalados lado a lado no seu interior, protegidos por uma muralha dupla de bastiões semicirculares, torres de vigia de muralhas entre baluartes dotadas de um caminho de ronda com ameias que se desenvolvia segundo uma planta quase quadrada. Cada fortaleza estava judiciosamente adaptada à topografia do local, mais ou menos escarpado, mas todas elas eram muito grandes: a superfície da de Buhen foi estimada em cerca de 27 000 m². Todos os elementos arquitectónicos de defesa militar utilizados nos castelos medievais eram já conhecidos na Núbia egípcia do início do II milénio a.C.

A vida nas colónias

Os egípcios destacados para a Núbia são essencialmente militares, a quem se juntam alguns escribas, ecónomos da administração. Todos os outros têm títulos que designam funções de patrulha, de vigilância e de policiamento das fronteiras. Os arquivos respeitantes a estes locais são com frequência ofícios enviados entre fortalezas a relatar missões de inspecção: «A patrulha que saiu para o deserto em missão, do lado direito da fortaleza de Khesef-Medjaiu [antigo nome de Serrá], fez, ao voltar, o seguinte relatório: "Encontrámos o rasto de 32 homens e 3 burros".» Outros escritos dão testemunho do tédio que atormenta os egípcios ali instalados, bem como do seu desejo de receber instruções e notícias da capital. Os colonos desterrados em tais paragens levam consigo as famílias e acabam por criar um modo de vida à parte, influenciado pelos costumes locais. Este aspecto é especialmente notório na produção artística: uma estátua egípcia esculpida nas oficinas núbias do Império Médio exibe uma espessura de traços, uma desproporção de membros e um carácter globalmente rudimentar que nos permitem duvidar que o seu autor alguma vez tenha saído da sua fortaleza.

Na direcção da Ásia, não teve o Egipto do Império Médio tais pretensões expansionistas. Ao mundo egípcio causavam, de resto, alguma perturbação o modo de vida nómada dos Beduínos e as paisagens da Palestina e do Líbano. Habituado ao seu rio e ao seu deserto, o homem do Nilo não se sentia minimamente atraído por essa terra de florestas montanhosas nem pela costa mediterrânica, onde a chuva e até a neve caíam regularmente: «Infeliz do Asiático, funesta é a terra onde vive. Atacam-na as águas, inacessíveis por culpa das muitas árvores; os caminhos são difíceis por culpa da montanha. Não pode morar num sítio seu, perpetuamente tem de caminhar.», pode ler-se numa passagem do *Ensinamento ao Rei Merikaré*. Assim sendo, as operações militares conduzidas na Ásia pelos faraós da XII dinastia apenas tinham por objectivo controlar os movimentos dos Beduínos e manter abertas as rotas dos produtos raros oriundos da Palestina, da Síria e do Líbano. Não se encontram, aliás, no terreno, vestígios arqueológicos que indiciem uma implantação idêntica à que a Baixa Núbia proporcionou. É certo que algumas inscrições reais e privadas narram marchas guerreiras triunfantes, como a do general Nesmontu: «Venci os Asiáticos que vivem nas areias, destruí os seus castelos deles me aproximando furtivamente. Fui e percorri os seus caminhos.» Mas há bons motivos para supor que semelhante enunciado comporte o seu quê de presunção.

O túmulo do nomarca Khnumhotep (reinado de Sesóstris II, 1895--1878 a.C.), em Beni Hassan, mostra uma caravana comercial de palestinianos, vindos sem dúvida do actual Moab, a leste do Mar Vermelho, para vender os seus produtos exóticos. Encarregado do controlo da fronteira oriental do Egipto, Khnumhotep estava em boa posição para negociar com as tribos beduínas a importação de produtos cosméticos e de armas por elas fabricadas: dardos, lanças, flechas e arcos. O aspecto físico dos palestinianos representados no túmulo de Beni Hassan caracteriza-os imediatamente como estrangeiros: os homens têm a barba frisada, o cabelo crespo, a tanga colorida e listrada e os pés enfiados em sandálias trançadas; as mulheres têm os olhos claros, vestidos multicores e botas de couro.

Cerca de 1750 a.C., durante a XIII dinastia, instalam-se no Delta alguns grupos de estrangeiros vindos da Ásia – os chamados «Hicsos» – e aí estabelecem entrepostos comerciais. A coexistência das duas comunidades, a egípcia e a sírio-palestiniana, é pacífica, como testemunham as recentes escavações feitas em Tell el-Daba, no Delta Oriental. Interesses económicos, cimentados por acordos matrimoniais, permitem a coabitação das duas culturas sem que haja confronto. Quando, porém, no final do Império Médio, no tempo das últimas pirâmides, o poder central torna a ruir, é da Ásia que há-de chegar a ameaça e, em seguida, a invasão.

A meio do II milénio a.C., os dados geopolíticos do Próximo Oriente alteram-se radicalmente. O Estado faraónico terá de se adaptar, forçando o povo egípcio a sair do seu esplêndido isolamento e a tomar consciência dos povos vizinhos. Doravante, ver-se-á compelido a pegar em armas com regularidade e a fazer a guerra além-fronteiras.

As Grandes Obras

Senhor da criação no seu reino, o faraó é um construtor infatigável que põe uma energia e meios colossais ao serviço das obras exigidas pelo culto dos deuses, pelos costumes funerários e pela vida dos homens. Para o auxiliar no seu programa monumental, conta com a assistência do vizir, que usa o título de «chefe de todas as construções do Rei», expressão do seu papel na organização e na vigilância das reais oficinas e das grandes obras faraónicas.

A pirâmide real, obra primeira do Estado

Ao longo da carreira de vizir, a mais importante de todas as obras é, como seria de esperar, a construção da pirâmide real. A mão-de-obra é angariada entre a população dos campos, segundo um sistema de corveias obrigatórias, espécie de conscrição que permite a qualquer momento recrutar os camponeses, súbditos do faraó, para as grandes obras públicas: abertura de estradas ou canais de irrigação, edificação de monumentos e expedições às minas e pedreiras. Não será apropriado, por conseguinte, falar em «escravatura» no Egipto dos faraós, nem a respeito da construção das pirâmides nem de qualquer outro grande empreendimento. A edificação dos túmulos reais, por gigantescos que fossem, era apresentada e, em geral, sentida como uma grande causa «nacional» a que não era possível fugir, a par da guerra ou do desbravamento de uma nova zona agrícola. Os Egípcios entregavam-se à tarefa, satisfeitos por obedecer às ordens reais e por contribuir para a edificação do mundo segundo a vontade do faraó.

Este sistema de corveias subsistiu por muito tempo após o Egipto dos faraós, já que seria preciso esperar pelo ano 1889 da nossa era para que fosse finalmente abolido. O soberano fazia proclamar regularmente, por intermédio dos seus representantes, isenções destinadas a aliviar de tal obrigação uma parte dos trabalhadores, concedendo sob essa forma privilégios consideráveis, de que beneficiavam quase sempre os sacerdotes e o pessoal dos complexos funerários reais que trabalhavam nas «cidades de pirâmides»: «A Minha Majestade ordenou a isenção eterna, para estas duas cidades da pirâmide, de todo o trabalho para o palácio real, de todo o trabalho obrigatório para qualquer propriedade do Palácio, e bem assim de qualquer corveia tal qual a todos é exigida [...]», decreta Pepi I (c. 2300 a.C.). No Império Médio, estes privilégios estendem--se à nova classe média, composta essencialmente por escribas ocupados a restaurar uma administração normal. Vê-se então germinar entre a população activa, perseguida pelas requisições constantes, um sentimento de revolta que leva alguns dos recrutáveis a pôr-se em fuga. Este fenómeno, chamado «anacorese» pelos historiadores, veio a crescer no Egipto século após século, até atingir graves proporções na época romana, quando os autores contemporâneos descrevem aldeias onde já só vivem velhos, mulheres e crianças. No Império Médio, a situação não é tão dramática, mas alguns documentos administrativos da época referem sistematicamente, a par dos conscritos, os refractários. A deserção é punida com trabalhos forçados perpétuos: «Ordem emitida pela Grande Prisão ao quinto dia do terceiro mês de verão do ano 31: que seja condenado com todos os seus ao trabalho perpétuo nos bens dominiais, de acordo com a decisão do tribunal.» A vida destes homens é então entregue a notáveis encarregados de os explorar por conta do Estado. Privados de liberdade, são transferidos de domínio para domínio e podem mesmo ser doados a outros ou legados em herança: «Os meus quinze indivíduos, bem como os prisioneiros, devem ser entregues à minha esposa Senebtisi, para além dos sessenta que lhe dei da primeira vez. [...] Deixo à minha esposa este título de propriedade [...] e ela poderá cedê-lo, por seu turno, àquele dos filhos que me deu que ela quiser. [...] Cedo-lhe ainda os quatro asiáticos que me deixou o meu pai [...]», pode ler-se no testamento de um proprietário de terras que geria um número razoável desses fugitivos capturados. Os prisioneiros de guerra, asiáticos ou núbios, fornecem um importante complemento de mão-de-obra: algumas das investidas nas terras vizinhas, em particular entre os

Beduínos asiáticos, têm precisamente por fim fazer prisioneiros para trabalhar.

Minas e pedreiras

As expedições às minas e às pedreiras empreendidas por ordem do faraó e do vizir são tão impressionantes como os trabalhos de construção que se lhes seguem. É muitas vezes a um deserto longínquo e pouco hospitaleiro que os conscritos têm de ir buscar as preciosas matérias-primas: pedra para construção, minério e outras matérias minerais. O comando das operações é confiado ao «chanceler real das duas frotas», ou ao «comandante das tropas». Os outros oficiais têm títulos importantes da marinha nacional – comandantes e oficiais de marinha, como se a expedição fosse assimilada a um batalhão naval, com uma equipagem de bombordo e outra de estibordo, sendo os remadores substituídos pelos trabalhadores das pedreiras. A unidade de base é de uma centena de homens, dividida em dezenas. Cada unidade ostenta um nome: «a grande», «a pura», «a augusta», «a satisfeita». Acompanha-a igualmente um número apreciável de pessoal administrativo, composto por escribas, intérpretes e tesoureiros. As expedições nunca partem sem a preciosa colaboração dos *nuu*, peritos em pistas que encontramos nas cenas de caça aos animais do deserto e que aqui prospectam as minas e as pedreiras em busca de novos filões. Os *nuu* aproveitam ainda para espiar os movimentos dos nómadas e perseguir os refractários, que tentam escapar às corveias.

A maior parte das minas e das pedreiras situa-se nos desertos do Leste, entre o Nilo e o Mar Vermelho e na península do Sinai. No terreno, os trabalhadores e os seus chefes gravaram nas rochas centenas de inscrições cuidadas ou meros *graffiti*, fonte preciosa de informações sobre como eram compostas as expedições, a sua data e organização. A utensilagem é medíocre: para talharem os seus blocos de pedra, os canteiros apenas dispõem de picaretas de basalto, pesadas e duras, que encabam numa alavanca de madeira ou que empunham com as mãos nuas. Para a pedra mais fina, usam uma tesoura de cobre, que percutem com martelos de basalto ou maços de madeira. Quando a pedra é macia, servem-se de uma serra de cobre, cujos dentes vão sendo areados durante a operação de corte. Para aplanarem a superfície da pedra, martelam-na suavemente com uma esfera de dolerite e, para acabar, pulem-na em movimentos regulares com pó abrasivo de quartzite triturada.

A três horas da região de Tell el-Amarna rumo a sudeste, as pedreiras de Hatnub fornecem a calcite, pedra aparentada com o alabastro, difícil de trabalhar mas muito procurada para esculpir estátuas, vasos, mesas de oferendas e até edifícios religiosos de pequenas dimensões. A sua transparência e os seus veios marmoreados, que vão de um branco quase puro ao castanho claro, fazem dela uma matéria adequada ao fabrico de objectos delicados, como a baixela fúnebre dos túmulos reais. As pedreiras de Hatnub são controladas pelos governadores da província de Hermópolis, que guardam ciosamente o monopólio da sua exploração. Um deles, Djehutihotep (c. 1850 a.C.), mandou representar no seu túmulo, em El-Bersheh, os feitos extraordinários que, na sua época, naquelas pedreiras se realizaram. Através da imagem e do texto, oferece um quadro animado da extracção e do transporte, num trajecto de 15 quilómetros, de uma estátua colossal, com mais de 6 metros de altura e um peso superior a 70 toneladas. A extracção decorre no subsolo, depois de atravessada uma longa galeria cujo tecto ameaça ruir. Ao que parece, o trabalho de esculpir a pedra é desenvolvido no local, ao ar livre. É, pelo menos, aí que a pedra é largamente desbastada. Em seguida, há que fixá-la num trenó por meio de cordas que a cingem por todos os lados. Houve o cuidado de proteger com panos as esquinas e os pontos de fricção para evitar que as cordas provoquem estilhaços na pedra. Cento e setenta e dois homens, repartidos em quatro filas, puxam as cordas do trenó que suporta a estátua. Para facilitar o trabalho, um homem despeja água continuamente diante do veículo, ajudando-o a avançar sobre um chão assim transformado em lama argilosa. Esta representação veio confirmar as suposições dos arqueólogos a respeito do transporte sobre terra das pedras para construção ou estatuária. Não é a roda que serve para deslocar cargas pesadas mas o trenó, assente, por sua vez, em toros que vão sendo substituídos à medida que o aparelho progride numa pista molhada e escorregadia. Alcandorado nos joelhos da estátua colossal do governador, o chefe dá as suas ordens e dirige habilmente as operações. O monumento é dedicado ao próprio Djehutihotep, que se vangloria na legenda de ter levado a bom porto tão impossível operação: «Transporte de uma estátua de treze côvados [c. 6,5 metros] em pedra de Hatnub. Vede: o caminho por onde veio era muito difícil, mais que tudo o resto. Vede: a sirga de tal peso era duríssima para os homens, por causa da aspereza do chão de pedra rija. Mandei vir jovens para renderem os outros trabalhadores, a fim de abrir uma estrada para a estátua, bem como equipas de canteiros, entre chefes e especialistas. Os mais robustos disseram: "Faz-se" e o meu coração rejubilou. Juntou-se toda a cidade, aos gritos de alegria. Mais que tudo, era belo o espectáculo. Os velhos apoiavam-se nos novos; fortes e fracos juntavam os esforços e a sua coragem crescia. Os braços ganharam força e um só valia por mil. Vede: esta estátua, que veio da montanha num único bloco, tinha mais valor que tudo o resto. Cheguei a esta cidade e as vozes uniram-se num só louvor.» Aparentemente, foi um espectáculo popular e animado, que teve boas repercussões na carreira política do governador.

O Uadi Hammamat

O vale xistoso do Uadi Hammamat brilha sob o sol do deserto a uma centena de quilómetros de Coptos, no Alto Egipto, ponto de partida das pistas caravaneiras e da exploração das pedreiras do Leste. Dos dois lados da estrada, notam-se os vestígios de uma imensa pedreira a céu aberto, dessa pedra belíssima, dura e escura, de um verde às vezes ambarino ou de um cinzento quase negro, de que são feitos, desde o Império Antigo, os sarcófagos e as estátuas dos reis e dos deuses. No ano 38 de Sesóstris I (c. 1935 a.C.), Ameni, porta--voz do rei, conduz ao Uadi Hammamat uma gigantesca expedição, que compreende mais de 17 000 homens. A sua missão consiste em trazer para as reais oficinas matéria-prima para fabricar 60 esfinges e 150 estátuas, cada estátua sendo puxada por grupos de 500, 1000 ou 1500 homens, consoante o peso. A inscrição traça um quadro do estado-maior dos efectivos, dos serviços administrativos, dos trabalhadores especializados e do grosso da coluna, enumerando-os por ordem hierárquica e por categoria social. Ao lado, são anotadas as rações alimentares diariamente distribuídas. Assim se constata que Ameni, o chefe da missão, recebe em média cem vezes mais pão e quinze vezes mais cerveja do que o pobre forçado. Mas os deuses velam pelas expedições ao Uadi Hammamat e manifestam-se por intermédio de ocorrências miraculosas. Um dia, uma gazela vai parir sobre um belo bloco de pedra em que os homens não tinham reparado. É um sinal do deus: dessa pedra se fará a tampa do sarcófago encomendado pelo soberano. Dias depois, novo prodígio no mesmo lugar: uma chuva milagrosa, «que revela aos homens o poder do deus», chama a atenção para um poço natural que ainda ninguém notara. A inscrição que relata estes sucessos dá graças a Min, «deus augusto, senhor dos desertos» e patrono das minas e das pistas. Muito perto das pedreiras de xisto do Uadi Hammamat situam-se algumas minas de ouro, intermitentemente exploradas no tempo das pirâmides. Após a detecção dos veios de quartzo aurífero por parte dos *sementiú*, especialistas na prospecção, facilmente reconhecíveis pelo saco que trazem ao ombro para recolher amostras de minério, os forçados vão britar os blocos para extrair as partículas do precioso metal. Em seguida, as mulheres lavam o pó obtido e peneiram as pepitas. Foram encontradas áreas de britagem e de lavagem junto dos pontos de água, mas, na ausência de quaisquer inscrições, é impossível datá-las.

O Uadi el-Hudi e o Gebel Zeit

Ainda mais a sul no deserto oriental, trinta e cinco quilómetros a sudeste de Assuão, o Uadi el-Hudi abriga as minas de quartzo, ouro, cornalina e ametista. No Império Médio, são muitas vezes as mesmas grandes figuras, chefes de expedições que se tornaram peritos no comando dos homens nessas paragens desérticas, que vamos encontrar no Uadi Hammamat, no Uadi el-Hudi e até no Sinai. A mão-de-obra já não provém sistematicamente de Coptos: dos 1500 homens que compõem uma missão de envergadura, 100 são de Kom Ombo e 200 de Elefantina, perto de Assuão.

Situado no litoral do Mar Vermelho, o maciço montanhoso de Gebel Zeit abriga também um pequeno aglomerado mineiro, composto pelas galerias, por uma zona residencial e um santuário, fruto do trabalho das equipas ali chegadas para extrair galena, o sulfureto de chumbo de que se fazia o *col*. Pesquisas arqueológicas recentemente realizadas nessa região permitiram reconstituir a vida desses mineiros no Império Médio. Saídos de Coptos, os homens enviados em missão ao Gebel Zeit chegam às minas em pequeno número e lá permanecem poucas semanas, devendo levar consigo os seus próprios víveres: na sua bagagem encontram-se lentilhas, feijão, favas, trigo e cevada. O acampamento é erguido numa posição elevada, para que se possa vigiar os acessos, ver o mar e controlar os visitantes. Uma vez instalados, os trabalhadores iniciam a prospecção de superfície, que permite detectar os filões de galena e chegar a galerias ou a simples túneis. Algumas ramificações descem a 30 metros de profundidade. A distância a percorrer entre o ar livre e o ponto de ataque do filão pode ultrapassar os cem metros, tornando a extracção particularmente lenta e penosa. Os utensílios são picaretas e percutores de pedra dura, talhados perto das áreas de britagem. Próximo do acampamento, os homens abriram um pequeno recinto circular que funciona como santuário de campanha. A cada nova expedição, os mineiros tornam a erguer os seus muretes, que desabam de um ano para o outro, e tiram de um esconderijo as alfaias religiosas e todos os objectos votivos que ali guardaram na vez anterior. Por segurança, trazem sempre um novo conjunto de estelas, de muito reduzidas dimensões e, por isso, fáceis de transportar na bagagem pessoal junto com os alimentos.

O material arqueológico mais surpreendente do Gebel Zeit é uma série de pequenas estatuetas de terracota descobertas no santuário. São «bonecas» delgadas que representam mulheres nuas com o rosto enquadrado por uma cabeleira de linho extremamente elaborada, por vezes ornada de pérolas. Algumas têm o corpo piquetado de incisões circulares, à maneira de uma tatuagem, outras trazem um bebé nos braços ou colado às costas. Tais estatuetas, ali colocadas por homens separados das suas mulheres, têm sido interpretadas como testemunho do culto de Hathor, adorada no Gebel Zeit como «senhora da galena», mas também, como em todo o Egipto, como deusa da fecundidade e do amor.

Em missão no Sinai

O Sinai começa muito cedo, desde a III dinastia, a ser uma meta de importantes expedições, com o objectivo de obter turquesa, muito apreciada nos trabalhos de marchetaria e de joalharia, mas também cobre e malaquite. Ao pessoal egípcio junta-se aqui uma mão-de--obra local, feita de tribos semitas e asiáticas, recrutadas como intérpretes e trabalhadores não especializados. Inscrições rupestres e estelas comemorativas, gravadas nos dois locais de extracção principais, Maghara e Serabit el-Khadim, descrevem a composição e o desenrolar das expedições, que ocorrem regra geral no Inverno. As condições de trabalho são duras: a turquesa é extraída em galerias estreitas e sem arejamento, os acampamentos são sumários, o clima é glacial, devido à altitude das áreas mineiras, e acontece a água escassear. Uma inscrição avança o número de 734 egípcios envolvidos numa missão, outra menciona 600 burros para transportar o material e as provisões. Nem todos voltam à sua terra, situada a uma boa semana de marcha. Os mineiros do Sinai são voluntários: como pagamento, guardam para vender pessoalmente uma parte da turquesa que extraíram, servindo a restante para cobrir os custos da administração, da segurança e da logística de que beneficiam. A partir do Império Médio, a exploração das minas torna-se tão regular que, no local mais frequentado, Serabit el-Khadim, se prepara uma gruta-santuário consagrada à deusa Hathor, «senhora da turquesa». A meio caminho da subida até este local, a estrada de Rod el-Air exibe rochedos cobertos de *graffiti*, toscamente gravados pelos trabalhadores exaustos que, fazendo uma breve pausa à sombra da montanha, ali escreveram à pressa os seus nomes.

O Nilo, via de comunicação

As pedras de construção mais comuns provinham de pedreiras de acesso menos difícil, que funcionavam todo o ano. O grés era extraído das falésias do Gebel Silsileh, no Alto Egipto, junto do Nilo, onde o aguardavam as barcaças de transporte. O calcário liso e fino que revestia as pirâmides saía das pedreiras de Tura e de Massara, na margem oriental do Nilo, frente a Gizé. Os trabalhadores talhavam os blocos na falésia, criando salas subterrâneas e galerias com 50 metros de comprimento. Para transportar de barco as pedras já talhadas, esperavam pela subida das águas do Nilo ou tomavam o canal que ligava o rio à região de Dariut, onde fora construído um porto no sopé do planalto das pirâmides. Quanto aos enormes monólitos de granito rosa usados nas câmaras do interior das pirâmides, provinham das pedreiras de Assuão e chegavam também por via fluvial.

Para o transporte das pedras, as grandes obras do faraó precisavam de barcos capazes de suportar cargas muito pesadas, que os estaleiros navais tiveram de aperfeiçoar. As barcaças eram feitas de cedro do Líbano, dado que a madeira local (de acácia e de sicómoro) era demasiado frágil para tão grandes embarcações. O transporte de colunas com capitéis palmiformes, extraídas em Assuão e destinadas ao complexo piramidal de Unas (final da V dinastia, c. 2460 a.C.), surge representado em baixo-relevo no muro da rampa que conduz à pirâmide, em Sakara. Aí se vêem barcaças «carregadas de colunas de granito de 20 côvados [ou seja, mais de 10 metros]», cada embarcação com duas colunas, o que implicava um calado considerável. O general Uni, contemporâneo do rei Pepi I (c. 2300 a.C.) conta no seu relato autobiográfico: «[...] Sua Majestade enviou-me a Elefantina para transportar a falsa porta de granito rosa, com a sua soleira, grades e lintéis também de granito rosa; para transportar as portas e as lajes de granito rosa para a câmara superior da pirâmide "Merenré surge na sua perfeição" [nome da pirâmide real], minha soberana. Graças a mim, desceram o Nilo até à pirâmide "Merenré surge na sua perfeição" em seis barcos largos, três barcaças e três barcos de 80 côvados [mais de 40 metros], numa só expedição.»

O Nilo era navegável sem obstáculos entre Assuão e Gizé e apresentava-se como um meio de comunicação natural entre as pedreiras e as obras em curso. O percurso demorava uma boa semana, sob a condução de um piloto experiente, que sabia evitar os bancos de areia e os pontos com águas mais rasas. A corrente do rio, de sul para norte, era favorável: as embarcações navegavam no bom sentido quando vinham carregadas, mal precisando de remos. O regresso às pedreiras fazia-se com as barcaças vazias, sem grande esforço, com a ajuda do vento norte. Para reconstituir a antiga paisagem nilótica, há que imaginar o rio sulcado em ambos os sentidos por barcos de diferentes tamanhos. Artéria única e rápida de sul para norte, única passagem possível entre as duas margens, que nenhuma ponte unia, o Nilo constituía a rede viária natural do país. Nas suas águas se cruzavam as pesadas barcaças carregadas de pedra, as chatas com as colheitas a caminho dos celeiros reais, as barcas de peregrinos, as embarcações de passeio e os incontáveis botes de pesca.

Imhotep, criador da pirâmide

O grande acontecimento de cada reinado, quer para o Palácio, quer para todos os camponeses recrutáveis, era, evidentemente, a construção da pirâmide do faraó. O alvoroço das oficinas de cantaria, os gritos dos trabalhadores, a poeira, a multidão e todos os géneros de animação invadiram durante décadas, ao longo da primeira metade do III milénio, o planalto calcário que se estende a noroeste de Mênfis e que hoje constitui a Sétima Maravilha do Mundo.

A forma piramidal nasceu no Egipto, no espírito inovador de Imhotep, arquitecto de Djeser (c. 2700 a.C.), que, abandonando os materiais leves que eram o tijolo e a madeira, concebeu erigir, para o seu rei, um túmulo de pedra cuja aparência simbolizasse a ascensão da alma do defunto às potências celestes e solares. Os seis degraus da pirâmide de Djeser, em Sakara, lembram uma escadaria gigantesca ou um raio solar petrificado que sobre o túmulo descesse para nele captar a alma e a unir ao astro divino. Daí em diante, todos os faraós passariam a ser sepultados em pirâmides, até à transferência da capital para Tebas, no início do Império Novo (c. 1552 a.C.), altura em que os soberanos, rompendo com uma tradição milenar, escolhem os hipogeus do Vale dos Reis como lugar de inumação. De Abu Roach, a norte de Gizé, até Dahchur, a sul de Sakara, mais de trinta pirâmides reais impõem as suas prodigiosas silhuetas sobre o deserto escaldante ao sol, constituindo o fenómeno arqueológico e estético mais extraordinário de uma visita à terra dos faraós e deixando no espectador uma impressão de eternidade absoluta.

Infelizmente, os arqueólogos não dispõem de nenhuma representação contemporânea da construção das pirâmides. Nenhum vizir, tendo embora a seu cargo a instalação e a organização das obras, fez figurar nos muros da sua mastaba quaisquer trabalhos em curso numa pirâmide. Também não foram encontrados quaisquer planos ou inscrições em papiro relativos ao grande projecto, ao contrário do que sucede, no caso do Império Novo, com a construção dos túmulos do Vale dos Reis. A epigrafia, tantas vezes prioritária entre os instrumentos de trabalho do egiptólogo, não pode dar o menor contributo para a reconstituição das fases de construção daqueles monumentos. Resta-nos, pois, interrogar as pedras que os compõem e, observando-as, tentar compreender como foi que acabaram por formar pirâmides. Desde 1926 que o arqueólogo francês Jean-Philippe Lauer perseguiu tal missão: explorando a estação de Sakara, deu forma, a pouco e pouco, ao complexo piramidal de Djeser, entrando pacientemente, ano após ano, na intimidade de Imhotep.

Antes da obra

A escolha do local era a primeira tarefa: o rei, na companhia do vizir e do seu arquitecto, fixava a localização da sua futura morada fúnebre, bem como as respectivas dimensões e orientação. Sabe-se que o planalto de Gizé, célebre pelas suas três grandes pirâmides, foi escolhido pela sua resistência à carga prevista da massa da construção e pela proximidade das águas aquando das cheias. Uns escassos 300 metros separavam a obra da área de desembarque das pedras provenientes da pedreira de Tura. De resto, nem toda a pedra vinha de longe, visto que as cercanias do planalto forneciam a maior parte dos materiais necessários à construção dos interiores. Decidido o projecto com o rei, havia que planificar a construção: avaliação e extracção das pedras, angariação da mão-de-obra, instalação das aldeias de trabalhadores próximo da obra. Os planos do monumento eram traçados pelo arquitecto, que era ao mesmo tempo «chefe dos escribas reais e das obras do rei». Alguns dos seus nomes ficaram na História: para além de Imhotep, que cedo foi reconhecido como um génio pela posteridade e divinizado pela religião popular do III milénio, é o caso de Nefermaat e do seu filho Hemiun, que desenharam os planos da pirâmide de Seneferu, em Meidum, e da célebre pirâmide de Quéops, em Gizé. Nas V e VI dinastias, uma família de arquitectos, os Senedjemibés, concebeu, de pai para filho, um número significativo de pirâmides reais.

A edificação da pirâmide

No local da construção, o solo é aplanado e nivelado. O trabalho faz-se com cuidados infinitos: a base da pirâmide de Quéops, de todas a maior, apresenta apenas dois centímetros de desnível de um lado em relação ao outro. Os astrónomos determinam o norte, permitindo aos geómetras alinhar com grande precisão os quatro lados com os pontos cardeais. Pode então marcar-se no solo o traçado rigoroso da planta do monumento. No caso da pirâmide de Quéops, foi decidido que cada lado mediria exactamente 440 côvados, ou seja, 230,38 metros. Uma vez desenhada no terreno a implantação do edifício, o rei torna ao local para o rito de fundação – para «estender o cordel» – destinado a sagrar a construção e a colocá-la sob a protecção dos deuses. A deusa Sechat, padroeira do trabalho intelectual, do cálculo e do registo escrito dos projectos divinos, preside à cerimónia, durante a qual o soberano crava pessoalmente quatro estacas nos ângulos do monumento e as liga entre si com um cordel. Em seguida, lança um punhado de areia sobre o quadrado assim definido, onde assenta solenemente a primeira pedra. Os trabalhadores fazem o resto: para encher os 2 600 000 m^3 da pirâmide de Quéops, foi necessário acartar e colocar perto de 2 500 000 blocos de pedra com aproximadamente duas toneladas e meia cada um. Quando a câmara funerária, destinada a receber o sarcófago real, estava projectada para o subsolo, começava-se por construir este nível, antes de elevar os elementos da superstrutura. Os blocos de calcário eram extraídos das pedreiras vizinhas com o auxílio de alavancas, dispostos em fiadas regulares e ajustados com lascas de pedra ou com uma argamassa de argila. Para colocar os primeiros degraus, dispunham-se de cada um dos lados rampas enlameadas e içavam-se os blocos fazendo-os deslizar sobre trenós. Para deslocar um bloco de duas toneladas e meia, eram necessários cerca de 70 homens. À medida que a construção se elevava, o trabalho ia-se tornando mais difícil. Lauer supõe que, acima dos 25 metros, fosse utilizada uma rampa única, de fraca inclinação, erigida contra uma das faces da pirâmide, e que se fosse trabalhando, deste modo, em cada um dos lados sucessivamente, terminando com o revestimento exterior, feito do belo calcário vindo de Tura. Se os blocos de dentro podiam ser talhados sem grande precisão, os de fora eram trabalhados com esmero. Os canteiros serviam-se de esquadros e fios-de-prumo para obter pedras perfeitamente horizontais e de igual tamanho. Quando, após anos de trabalho, as quatro faces, devidamente revestidas, se encontravam à altura pretendida, eram coroadas com o *pyramidion* de granito que marcava o vértice do monumento. Começava-se então a desmontar as rampas de acesso, polindo, de cima para baixo, as pedras da fachada, para que o túmulo real resplandecesse ao sol.

Seneferu, pai de Quéops, teve de passar da pirâmide de degraus à de faces lisas, mas não sem hesitações, dado que os arqueólogos lhe atribuem três túmulos sucessivos, em Meidum e em Dahchur: segundo o arqueólogo alemão Stadelmann, terão sido necessários dois a três anos para erguer quinze níveis de pedras na sua pirâmide de Dahchur, enquanto Lauer calcula que a construção da de Meidum tenha demorado oito a onze anos. O historiador grego Heródoto (séc. V a.C.) avança o número de 100 000 trabalhadores ao longo de vinte anos para a edificação da grande pirâmide de Queóps. Em geral, as pirâmides do Império Antigo são as maiores e mais bem construídas, logo as mais bem conservadas. As dos faraós do Império Médio, em Ilahun, Hawara ou Licht, não passam hoje de um enorme amontoado de tijolo e calcário destruído pelo tempo.

A vida dos trabalhadores

Para manter a obra em funcionamento ao longo do ano sem afectar o trabalho dos campos, as equipas, com cerca de 20 000 homens cada, são rendidas todos os três ou quatro meses. A semana de trabalho é de nove dias, sendo o décimo de repouso. Os homens aproveitavam então para ir a casa ver a família, ou simplesmente para fazer as suas lavagens ou preparar os alimentos para a semana. Perto das pirâmides de Gizé, foram encontrados vestígios de oficinas, arrecadações e cabanas para habitação. Cada cabana abrigava uma dezena de trabalhadores e incluía cozinha, despensa e forno de pão. A administração e o aprovisionamento eram acompanhados por um exército de escribas, que supervisionavam de perto a distribuição de água, cereais, roupa e ferramenta. Em 1992, a sudeste do planalto de Gizé, arqueólogos egípcios descobriram túmulos de trabalhadores mortos durante as obras na pirâmide. O exame das ossadas permitiu verificar que todos estes homens sofriam de patologias graves da coluna vertebral e do cóccix, devidas a esforços de tracção e de carga excessivos.

A construção da pirâmide não era tudo: para que funcionasse bem e permitisse prestar culto ao rei defunto, havia que cercá-la de um muro, erguer uma segunda pirâmide, chamada «satélite», e juntar-lhe dois templos: o templo baixo, ou templo do vale, reservado aos ritos de embalsamação e às práticas fúnebres correntes; e o templo alto, anexo à pirâmide e onde, após a inumação, o clero assegurava o culto real. Entre os dois, uma rampa permitia que as procissões levassem quotidianamente as suas oferendas fúnebres.

A famosa esfinge de Gizé foi esculpida na rocha calcária que aflora ao nível do templo baixo da pirâmide de Quéfren. Sabe-se que existia nesse local um elemento rochoso natural particularmente proeminente e, com certeza, pouco gracioso. A ideia de nele modelar uma esfinge majestosa com a efígie do rei, voltada para levante, surgiu então no espírito dos arquitectos e dos escultores, para quem nada era impossível.

Escribas e Sábios

Ao mesmo tempo que organizavam a vida política, religiosa e económica da sua terra, os Egípcios sentiram a necessidade de desenvolver um sistema de codificação escrita da língua que falavam. Os primeiros séculos do III milénio são a época da elaboração desse sistema. Em poucas décadas, a escrita hieroglífica torna-se o meio único e homogeneizado de representar os conteúdos semânticos e fonéticos da língua falada nas margens do Nilo e dos rituais que aí decorrem. Parece claro que semelhante normalização, imposta pela escrita, se processou em detrimento dos vários dialectos que, numa população tão pouco uniforme, dispersa por uma faixa de terra com mais de 1000 quilómetros, com toda a certeza terão existido. Se nos lembrarmos de que foram identificados cinco grandes dialectos na língua copta, última etapa da língua dos faraós, escrita e falada no Egipto da época cristã, teremos todas as razões para supor que em tempos mais remotos abundavam os dialectos – os «falares», diríamos nós. Os linguistas do século XX procuraram isolar, nos textos descobertos no Baixo Egipto, idiomas específicos daquela região, que não estivessem presentes nos textos descobertos no vale. Porém, os resultados de tais pesquisas são decepcionantes. Sugerem, sobretudo, que os testemunhos de que dispomos da língua escrita, desde os primeiros textos, constituem a notação de uma língua em progressiva unificação, símbolo da vontade política e religiosa dos detentores da palavra escrita. Toda a criação dos escribas se concentra na exigência que lhes é feita de conceber e aperfeiçoar os meios de representar, de forma legível para todos os letrados, as leis cosmológicas e faraónicas do país nascente. A escrita coincide com a língua oficial, que emana dos templos e das instituições do Estado, e veicula as ordens e os discursos que contribuem para a edificação de uma cultura homogénea. Por este motivo, a posse da escrita foi sempre considerada sinal da transmissão do poder e do saber. Poder-se-ia estabelecer um paralelo entre o uso dessa língua normativa, desenvolvida nos seus escritos pelos escribas egípcios, e aquele que, na Europa medieval, se fez do latim. A evolução do sistema gráfico e as variações que nele se observa dependem da época dos textos, da sua natureza e do seu suporte: um texto religioso gravado em pedra será escrito numa língua mais rígida do que um rascunho pintado num fragmento de cerâmica.

A escrita hieroglífica: um poder e um privilégio

No Império Antigo, o conhecimento da escrita hieroglífica é, antes de mais, um privilégio da classe dirigente que desempenha um papel de primeiro plano na sociedade civil e na hierarquia do clero. A condição de sacerdote pressupõe a aquisição dessa ciência sagrada, logo a capacidade de transmitir as mensagens divinas, sob a protecção de Tot, patrono dos escribas. É assim que Djaú, cerca de 2200 a.C., era «escriba dos rolos divinos, director dos escribas dos actos reais, sacerdote-leitor-chefe». Os escribas de mais baixa posição, que não conheciam a bela escrita hieroglífica, mas apenas o *hierático*, cursivo e não icónico, cingiam-se aos empregos administrativos e utilitários. Kaaper, que viveu por volta de 2400 a.C., indica como seus títulos: «escriba da administração, escriba da pastagem das vacas malhadas, inspector dos escribas do Estado, escriba dos actos do Estado, escriba das reais expedições». Nenhum destes cargos implicava o uso quotidiano de hieróglifos gravados em pedra; tratava-se, sem dúvida, de competências limitadas ao registo em hierático de actos administrativos.

No Império Médio, a situação política do país evoluiu. Na sequência do forte abalo social que atingiu o Egipto durante o Primeiro Período Intermédio (2200-2060 a.C.), o Estado sente a necessidade de restaurar uma administração sadia e eficaz, apoiando-se numa classe média em ascensão, autêntico viveiro de escribas-funcionários prontos a servir o seu país. Aos poucos, a ciência dos hieróglifos deixa de ser apanágio dos grandes, para se tornar o sinal distintivo de uma categoria social em busca de prestígio e dedicada ao Estado.

Pelas suas competências, o letrado é posto *de facto* à frente dos outros trabalhadores. Ao fazer o seu filho entrar para uma escola de escribas que funcionava na corte do faraó, Kheti, um burguês do Delta que viveu no Império Médio, traça um quadro inteiramente negativo do trabalho braçal e exalta a condição de escriba, procurando assim encorajar o filho a entregar-se docilmente à aprendizagem que o espera. Este texto, conhecido como *Sátira dos Ofícios*, celebrizou-se nas escolas e tornou-se o exercício clássico para os escribas em formação, que o decoravam e que ganhavam prática copiando excertos: «Far-te-ei amar os livros mais do que à tua mãe, dar-te-ei a ver a sua beleza, maior do que a de outro qualquer ofício. Ao levar-te ao Palácio, o que faço é por amor de ti. Um só dia na escola já é proveito teu e o trabalho que lá se faz é eterno como as montanhas. Não há condição que não seja dominada, senão a do escriba, que domina.»

A instrução que aguarda o jovem fará dele, no termo da sua aprendizagem, «um escriba capaz, de hábeis mãos e dedos limpos», e, ao mesmo tempo, um homem adaptado à ordem estabelecida, respeitador das leis, que sabe calar-se ou falar na altura certa. Na moral egípcia, o saber e a virtude são inseparáveis. São estas as qualidades reconhecidas do escriba, que, ao longo dos seus estudos, interiorizou as máximas dos *Ensinamentos* egípcios, fonte de uma educação irrepreensível: «Fala quando estiveres seguro de ter uma solução, será o Sábio a falar ao conselho. Sê prudente quando falas, para que o que dizes importe. Os dignitários que te escutam hão-de então dizer: a sua boca não se abre em vão!», aconselha o tratado educativo de Ptahhotep, dignitário local e vizir do rei Isési. É por meio dos mestres e dos textos sapienciais da autoria dos educadores que a moral tradicional se transmite de geração em geração e que é mantido o respeito, que a *Maât* estabelece, pelo dever e pelo equilíbrio.

A escola dos escribas

Ao entrar para a escola, com cerca de dez anos, o jovem egípcio começa a aprendizagem da escrita copiando frases inteiras em hieróglifos cursivos, esses a que se chamou escrita hierática. Como caderno, utiliza as *ostraca*. O papiro, demasiado raro e precioso para ser gasto na escola, está reservado para os textos litúrgicos e administrativos escritos por profissionais. O Império Novo deixou-

-nos alguns exemplos dessas tabuinhas de madeira que são lavadas depois de o mestre as ter corrigido. O aluno decora o que copiou e volta a copiá-lo no verso da tabuinha ou noutro suporte, para mostrar o seu trabalho ao professor. Este não lhe decompõe os sinais nem lhe diz qual o ideograma que está na origem do sinal ou da ligadura hierática. Tal conhecimento do hieróglifo na sua forma icónica completa é o segundo grau da escolaridade, aquele que permite aceder à escrita dos grandes textos e à gravura monumental.

A disciplina é muito severa: «Está atento e ouve as minhas palavras. Não esqueças nada do que eu te digo.», recorda o início de todas as lições. Exige-se uma aplicação permanente: vale a pena, aliás, referir que, no vocabulário egípcio, o mesmo verbo, *sedjem*, significa «obedecer» e «ouvir» e que se escreve com o ideograma da orelha, passagem obrigatória da atenção. «Aquele que escuta vem a ser alguém distinto» diz ainda Kheti ao seu filho. Todos os recursos são bons para incitar o aluno a trabalhar: o elogio, a promessa de um futuro cobiçado, isento da dureza das corveias, a competição, a ameaça e, por último, os castigos corporais, quando o aluno se revela particularmente preguiçoso ou indisciplinado.

Saído da escola, o adolescente torna-se aprendiz de um escriba profissional, que pode ser o seu próprio pai ou algum parente próximo e que irá formá-lo na sua futura profissão, inculcar-lhe noções de administração, ensinar-lhe as fórmulas de cortesia e a apresentação dos documentos. Se se tiver adaptado bem ao meio «socioprofissional» que lhe é proposto, o jovem é chamado a suceder ao seu mestre e a prosseguir a sua missão: «Imita o teu pai e os teus avós. As suas palavras estão escritas nos livros. Abre-os, lê-os e esforça-te por fazer teu esse saber, pois é a sabedoria que assim, livre de escórias, se te oferece.»

O escriba no trabalho

As representações de escribas a trabalhar são muito numerosas, tanto na estatuária como nos muros das mastabas do Império Antigo. Sempre presentes para registar o gado ou as colheitas, o escriba e os seus acólitos participam na vida económica das explorações agrícolas. O hieróglifo que permite escrever a palavra «escriba» e representar o acto de escrever é tão-só a paleta do escriba. Note-se que, no feminino, o vocábulo «escriba» designa a profissão de «maquilhadora», o que pressupõe que, no acto de escrever em hieróglifos, está implícita a arte do desenho e da pintura.

A ferramenta do escriba compõe-se de uma paleta de madeira com duas concavidades, uma para o pigmento de ocre vermelho, a outra para o carvão de madeira; de um pequeno godé com água; e de um estojo com pincéis, contendo um ou vários cálamos, que são pequenos caules de junco com os quais escreve. Por vezes, a paleta é substituída por uma concha de madrepérola, que o escriba pousa em equilíbrio sobre um joelho quando escreve sentado de pernas cruzadas. O suporte mais apreciado é o papiro, que pode ser enrolado sem se quebrar e lavado sem se estragar, e que permite traçar facilmente belos hieróglifos. Não há representação de um escriba a trabalhar que no-lo apresente escrevendo em *ostraca*. Sabemos, no entanto, pela quantidade desses fragmentos descobertos nas estações arqueológicas, que os escribas deles se serviam com grande frequência, como rascunho ou cópia, mas deduzimos que tenha sido um suporte nunca considerado digno da nobre profissão de escriba.

A indústria de fabrico do papiro está atestada desde os primeiros tempos do Egipto faraónico: o túmulo de Hemaka, alto dignitário que viveu na I dinastia (início do III milénio), continha um rolo deste material, infelizmente não epígrafo. O papiro é feito de uma planta umbelífera com o mesmo nome, abundante nas margens do Nilo e nos pântanos e que pode atingir 5 metros de altura. Colhem-se-lhe os caules quando apresentam uma flexibilidade máxima e cortam-se em segmentos de cerca de 40 centímetros, que determinam a altura da folha de escrita. Estes segmentos são cortados em lâminas, que se dispõem lado a lado numa tábua, bem paralelas, e se achatam com um martelo. Em seguida, sobrepõe-se sobre esta uma segunda camada, perpendicularmente, humedece-se e leva-se a uma prensa. Diluída em água, a seiva da planta cola as lâminas uma às outras. Quando secou por completo, a folha está pronta, lisa, branca e maleável. Para fabricar um rolo de papiro, recomeça-se a operação várias vezes, colando, pelo mesmo processo, as folhas assim obtidas: são necessárias umas 20 folhas de 40 por 40 centímetros para fazer um rolo de médias dimensões.

O escriba trabalha as mais das vezes sobre uma esteira, de pernas cruzadas ou acocorado, com o rolo sobre os joelhos; começa por escrever na face interna do rolo, após o que o vira para continuar no verso. A orientação da escrita sobre papiro é sempre da direita para a esquerda, mas, na pedra dos templos ou das estátuas, o texto pode igualmente ser gravado da esquerda para a direita, em linhas ou em colunas. A tinta negra é a mais utilizada, sendo a vermelha reservada para os títulos, início de capítulos ou de frases e sinais de pontuação. Encontramos este mesmo uso da tinta vermelha nas rubricas dos manuscritos dos copistas ocidentais da Idade Média.

O escriba arruma o seu material numa caixa de madeira, que leva consigo para o local de trabalho. Tem sempre um ou dois cálamos de reserva, que prende atrás da orelha, prontos a usar caso falhe aquele de que se está a servir. Quando termina o trabalho, apõe o seu sinete na argila crua com que sela o documento. Os *Textos das Pirâmides* descrevem assim a actividade do escriba: «Abre as suas caixas de papiros, quebra os selos dos seus decretos, sela os seus rolos e envia os seus infatigáveis mensageiros.»

Não temos nenhuma representação de uma mulher a escrever, mas sabe-se que as princesas sabiam ler. Além disso, para escrever uma carta ou um documento administrativo, os Egípcios podiam recorrer aos serviços do escriba público da sua aldeia, que, mediante pagamento, estava à disposição dos inúmeros iletrados. Com efeito, calcula-se em menos de 5% a parte da população que soubesse ler e escrever no Egipto do tempo das pirâmides.

Uma grande literatura

Desde o Império Antigo que os príncipes e os governantes compreenderam que a escrita também podia ser consagrada a fins puramente literários e que, sem negligenciar a literatura religiosa ou a redacção dos rituais, não precisavam de se privar das belas histórias que podiam brotar do espírito inventivo dos melhores escribas. Amantes das letras e dos grandes textos, os escribas mais instruídos produziram uma verdadeira literatura romanesca, que tem o seu lugar nas antologias da literatura mundial de todos os tempos. A par dos textos religiosos e dos preceitos morais destinados aos estudantes, os egiptólogos reconstituíram numerosos textos – nos quais alternam com agrado a aventura, o suspense, a psicologia, os bons e os maus sentimentos. Tais contos e romances passaram de geração em geração, transpondo os séculos, ancorados na memória colectiva, e deslumbrando um público sempre renovado. E, dessa literatura, já muito se perdeu: o livro de *Kemit* («A compilação»), por exemplo, é conhecido em mais de 400 cópias, qualquer delas longe de estar completa! Os autores raramente são conhecidos, pois imperava a humildade e a discrição. Trabalhando por encomenda oficial do Palácio, os escribas não assinavam os livros, tal como os artistas não assinavam as estátuas.

Contos e romances

O Império Médio é a idade de ouro da literatura egípcia. A língua atingiu então um grau de maturidade que permitia exprimir fosse o que fosse, com a subtileza imposta pela poesia ou pelo realismo. É, de resto, esse estado da língua que há-de subsistir até à Época Baixa como forma clássica da escrita, o egípcio canónico.

A obra mais célebre desta época é o *Conto de Sinuhe*, justamente considerado a primeira «novela» da história da literatura mundial. Conta a lenda que Rudyard Kipling fez dele o seu livro de cabeceira. Nele se lêem as aventuras rocambolescas de um favorito da corte do faraó Amenemhat I (início do II milénio), o qual, por razões obscuras, foge para a Síria aquando da morte do seu rei. Na Ásia, espera-o um destino extraordinário: casa, faz guerra aos xeques do deserto e torna-se uma figura importante. Atormentam-no, porém, as saudades da sua terra. No final da narrativa, o novo rei do Egipto chama-o à corte e cobre-o de glória. O herói pode então desfrutar uma velhice feliz nas margens do Nilo, contando e voltando a contar o seu périplo para pasmo dos cortesãos.

O *Conto do Náufrago* gozava igualmente de grande popularidade entre o público egípcio. Nele se relata a aventura épica de um marinheiro que, único sobrevivente do naufrágio do seu navio, vai ter à ilha de Ka, terra mítica e maravilhosa cujo príncipe é uma serpente gigantesca. A ilha revela-se um paraíso, onde abundam o incenso e a comida e onde o soberano, a serpente, recebe o marinheiro com presentes sumptuosos e palavras de conforto. Quando um outro marinheiro vai recuperar o náufrago, a ilha afunda-se nas ondas. Com o *Conto do Náufrago*, a literatura egípcia aborda o tema, clássico nos países mediterrânios e orientais, da epopeia marítima, com que deparamos, por exemplo, em *Gilgamesh*, na *Odisseia* ou em *Sindbad, o Marinheiro*.

O *Conto do Camponês* deverá ter agradado aos Egípcios pelo seu carácter de lengalenga interminável e pelas sofisticadas argúcias. A história retrata um pobre camponês que desce à cidade para vender os produtos do seu pequeno talhão de terra. Pelo caminho, há um malandro que lhe rouba os burros e a mercadoria e o deixa sem nada à beira da estrada. O camponês apresenta queixa junto de um alto funcionário do Estado, que, impressionado com a eloquência do queixoso, faz seguir o processo judicial para se divertir a ouvir os argumentos que este infindavelmente desfia. Sucedem-se então nove lengalengas, num papiro de mais de 400 linhas, em que vemos o infeliz recorrer a todos os artifícios da retórica para, terminado o seu relato, acabar por ganhar a causa. Faz-se justiça, o lesado obtém a sua reparação e a moral triunfa.

Como salvar do tédio o faraó, eis o assunto das breves histórias contidas no *Papiro Westcar*, escrito cerca de 1700 a.C. Para dissipar a triste atmosfera que reina no seu palácio, o rei Quéops manda chamar os filhos para que lhe contem histórias que o distraiam. Tais contos têm muito de fantástico, pondo em acção mágicos capazes de realizar milagres. As histórias são tão espantosas que o faraó esquece a sua melancolia. O tema do entretenimento real é caro aos Orientais: encontrá-lo-emos séculos mais tarde nos relatos das *Mil e Uma Noites*, em que a bela Xerazade inventa histórias maravilhosas para distrair o tédio do sultão Xahriyar.

Concebido decerto na mesma época, o *Conto de Neferkarê e do General Sisenê* é particularmente burlesco: um detective amador empenha-se em denunciar as escapadelas nocturnas de um faraó fictício chamado Neferkarê. Esgueirando-se a meio da noite do palácio, o rei vai ter com o seu general, sobe ao seu quarto por uma escada, demora-se quatro horas e regressa incógnito ao palácio. A história deixa subentendido que as relações entre os dois homens são de natureza homossexual, o que, como é óbvio, não era muito conveniente para o semideus que era o faraó.

Uma literatura pessimista

A literatura dá-nos a imagem dos Egípcios como um povo alegre, sociável, apreciador dos ditos espirituosos e dos gracejos. Todavia, na sequência dos tumultos sociais que agitaram profundamente o país no final do Império Antigo e durante o Primeiro Período Intermédio (2200-2060 a.C.), brota uma literatura «pessimista» do espírito dos escribas, ainda assombrados pelo caos moral e político que haviam entrevisto: «Vede, pois: as mulheres secaram, pois já não engravidam

[...] os corações são violentos, a desgraça alastra pelo país [...] vede, pois: os grandes têm fome, mas os que os servem foram servidos», lamenta-se o sábio Ipu-ur num texto que descreve o estado de iniquidade absoluta em que o Egipto se afundou. Encontramos o mesmo tom na *Profecia de Neferti*, texto que prediz os tormentos que hão-de abater-se sobre o Egipto em caso de revolução: «Hão-de exigir pão embebido em sangue, tirar a este para dar ao que vem de fora [...] matar o próprio pai.»

Conservado num único papiro, da XII dinastia (1991-1785 a.C.), o *Diálogo do Desesperado com a sua Alma* é o exemplo mais pungente desta literatura pessimista. Nele se lê o discurso metafísico que um homem, cansado da vida, mantém com a sua própria alma: «Com quem falar nos dias de hoje? Os irmãos são perversos e já os amigos nos não têm amizade. Com quem falar nos dias de hoje? Os corações são avaros e cada um rouba o seu próximo. [...] Com quem falar nos dias de hoje? Em toda a parte, a maldade satisfaz e o bem é lançado ao chão. [...] Com quem falar nos dias de hoje? Só o criminoso é estimado. [...] Com quem falar nos dias de hoje? Já não há um homem justo, está o país nas mãos do mal. [...] Com quem falar nos dias de hoje? Esmaga-me a miséria e não tenho um amigo. É hoje para mim a morte como para o doente a cura, como após o acidente a salvação.» Ao cabo desta litania de reflexões desiludidas, vergado pela solidão, o homem não vê outra saída que não o suicídio. Responde-lhe então a alma, exortando-o a uma renovada confiança nos deuses e no seu próprio destino, até que a hora da morte chegue, de forma natural, na altura certa.

Gravado pela primeira vez no túmulo do rei Antef (XI dinastia, início do II milénio), e marcado pela mesma corrente de cepticismo do texto anterior, o *Canto do Harpista* depressa se torna o refrão clássico dos banquetes pintados nas paredes dos túmulos. As dúvidas e as questões são expressas com a mesma acuidade, mas a solução proposta é diferente. Já que a morte é inelutável, será melhor aproveitar o presente e «passar um dia feliz»: «Que aquela que amas se sente ao teu lado. Que os cantos e as danças ante ti decorram. Expulsa para longe os cuidados e dá-te ao deleite, até que venha o dia de aportar à terra que preza o silêncio.»

O género sapiencial

Gostaríamos de homenagear os nomes dos autores da mais antiga literatura do mundo, mas os únicos escritores conhecidos são os autores dos *Ensinamentos* egípcios, essas máximas e preceitos de vida que desempenharam um papel tão importante na educação dos jovens escribas e, através deles, na edificação de um rígido código moral. Apresentando-se como conselhos educativos dados aos jovens por sábios experientes, ou aos filhos pelos seus pais, ou aos sucessores dos faraós reinantes por estes mesmos faraós, tais textos são sempre assinados e começam, em geral, com a frase: «Início dos ensinamentos feitos por X para transmitir uma mensagem de verdade ao seu filho Y». O primeiro destes mestres é Imhotep, o célebre arquitecto do rei Djeser (III dinastia, c. 2700 a.C.), cujo carisma moral e intelectual foi tal que acabou por levar a que fosse divinizado no I milénio. O príncipe Hardjedef, filho de Quéops (IV dinastia, c. 2600 a.C.) lembra ao seu filho a necessidade de «fundar um lar e desposar uma mulher robusta para que lhe nasça um filho».

Depois, foi o vizir Ptahhotep, do tempo do rei Isési, quem escreveu as suas máximas. São essencialmente conselhos de civilidade a louvar a discrição, a humildade, a equidade e o respeito pelos outros.

No Império Médio, os autores dos *Ensinamentos* são, com uma única excepção, faraós que se aproximam da velhice com o desejo de deixar boas directivas de vida aos seus sucessores. Literatura e política interpenetram-se por completo nestes textos didácticos, que visam esclarecer o rei e exaltar a sua autoridade. Somente Kheti, o burguês do Delta que leva o filho à escola da corte, assina conselhos pedagógicos sem a marca de uma preocupação de propaganda real. A sua *Sátira dos Ofícios* é principalmente uma crítica do trabalho braçal, acompanhada por um elogio insistente da função de burocrata.

Uma correspondência abundante

O género epistolar tem um lugar de destaque na literatura egípcia. Desde o Império Antigo que surgem fragmentos de papiro referentes à composição das cartas e à definição das fórmulas de cortesia. A partir do Império Médio, a redacção de uma carta-tipo é um dos exercícios fundamentais nas escolas de escribas, e os mestres sabem de cor toda uma panóplia de modelos aplicados a diferentes situações.

A leitura da correspondência trocada entre o Palácio Real e os diversos poderes locais, entre o vizir e os seus subordinados, ou entre dois serviços ministeriais é uma fonte principal de informações sobre a administração do Egipto. Por sorte, dispomos de papiros completos onde se conservam tais cartas, amiúde copiadas e recopiadas, que assim desvendam o funcionamento dos serviços do Estado. Em geral, o tom é amável e as fórmulas de cortesia muito mais extensas do que o assunto da carta. Às vezes, porém, encontramos missivas escritas em termos violentos. É o caso de uma carta de ameaça dirigida ao seu superior pelo oficial Pepi, furioso com o regresso daquele à cidade de Ilahun: «É esta uma mensagem relativa ao que foi dito ao teu humilde servidor: "o senhor regressou ao Palácio ao décimo dia do quarto mês de *shemu*". Como lamento que estejas de volta são e salvo! [...] O espírito do intendente do templo do príncipe, Pepi, moveu-se contra ti, eternamente e para todo o sempre! [...] Desejo que morras!»

As cartas mais divertidas provêm de arquivos familiares; revelam os laços e os interesses que unem os seres que vivem sob o mesmo tecto. São muito úteis para o nosso conhecimento dos assuntos privados das pessoas comuns. Hekanakht, agricultor de Tebas enviado ao Norte em missão, no reinado de Montuhotep Seankhkarê (final do III milénio), esforça-se por gerir por correspondência a sua exploração nas suas cartas, lêem-se ordens relativas ao calendário das culturas, à distribuição e ao arrendamento de terras, ou à arbitragem de querelas internas. As cartas de Hekanakht põem em cena o pessoal do seu domínio e a sua família, deixando adivinhar intrigas e relações conflituosas; entre elas, encontram-se mesmo cartas de carácter estritamente pessoal: «É uma filha que à sua mãe se dirige, é Satnebsekhtu que a Satnebsekhtu se dirige. Mil votos de vida, prosperidade e saúde! Seja-te dado prosperar! Queira Hathor contentar-te por amor de mim! Comigo não te preocupes, que tudo vai bem [...] Zela para que Gereg não descure aquilo de que lhe falei. E transmite a todos os meus votos de vida, prosperidade e saúde». Os arquivos de Hekanakht contêm tantos pormenores pitorescos e apresentam tantas personagens comoventes que inspiraram o romance policial de Agatha Christie *Morrer Não É o Fim*, cuja trama decorre nas margens do Nilo.

Ciências e matemática

É ainda nos textos egípcios que vamos encontrar os primeiros sinais de investigação científica. Desde o Império Antigo, os sábios fazem experiências e descobertas fundamentais e registam-nas em tratados que, com o passar dos séculos, virão a ser corrigidos, sem deixarem de constituir objecto de consulta. Sábios e sacerdotes trabalham incansavelmente na produção de inventários de coisas e ocorrências observadas na natureza ou na sociedade. A comparação dos dados e a análise dos fenómenos descritos permitem formular hipóteses científicas, em particular na área da matemática, da astronomia e da medicina. A ciência egípcia assenta no princípio de que o mundo, tal como concebido pelos deuses criadores, é passível de ser conhecido. A ordem cósmica e as leis da natureza são regidas pela *Maât*, essa noção que designa o equilíbrio perfeito estabelecido pelos deuses e mantido pelo faraó reinante. A prática da ciência é, pois, antes de mais, o conhecimento da *Maât* e a proposta de sistemas e de meios para a servir e respeitar. A ciência está de acordo com a religião e nunca entra em conflito com ela. Quando o espírito humano atinge os limites dos conhecimentos demonstráveis, recorre ao mito.

O sistema decimal remonta à impressionante vaga de descobertas que brotou do espírito dos sábios egípcios no início do III milénio. Tal sistema fica sem dúvida a dever a sua origem ao facto de os homens terem dez dedos e deles se servirem para contar. Há hieróglifos específicos para notar as unidades, as dezenas, as centenas e os milhares, que permitem realizar todas as operações matemáticas, muitas vezes pedidas como exercício aos alunos, intercalando com os trabalhos de escrita. Os números fraccionais são complicados, dado que apenas se conhece o numerador 1 e as fracções 2/3, 3/4, 4/5 e 5/6. Os cálculos apresentam-se todos, portanto, como uma sequência de fracções de denominador decrescente. O comprimento é medido em côvados reais, com o valor de 53,36 centímetros. Cem côvados perfazem um *khet* e 10 000 côvados quadrados um *setchat*, tão frequentemente citado nos cálculos de superfícies.

A astronomia

Os conhecimentos astronómicos baseiam-se na observação do céu e das constelações a que, do terraço dos templos, os sacerdotes se dedicavam. O calendário anual, origem do nosso próprio calendário, não tardou, assim, a ser estabelecido. O início do ano coincide com o nascer helíaco da estrela do Cão, Sírio, aproximadamente a 19 de Julho do nosso calendário actual, primeiro dia das cheias do Nilo. A concomitância dos dois fenómenos, astral e hidrológico, bastou para acender no espírito dos Egípcios a ideia de ano novo, o *up renepet*, que principia com a lua nova do mês de Julho. O ano divide-se em trinta e seis decanos, num total de 360 dias, aos quais se somam cinco dias suplementares no final do ano. Para conferir um carácter excepcional a estes dias «epagómenos», a mitologia fez deles os dias de nascimento dos deuses Osíris, Hórus e Set, e das deusas Ísis e Néftis. Três decanos formam um mês e quatro meses uma estação. A única falha dos astrónomos egípcios foi não terem inventado o ano bissexto, e ter concebido anos a que faltava sistematicamente o quarto de um dia. O progressivo desfasamento entre o ano real e o ano civil foi de aproximadamente um mês por século. De facto, foi necessário esperar 1460 anos para que o nascimento helíaco da estrela Sírio de novo coincidisse com o primeiro dia das cheias do Nilo: os sábios tomaram consciência deste enorme desvio e deram-lhe o nome de «período sotíaco».

Os Egípcios distinguiam as estrelas, agrupadas em constelações, dos planetas, baptizados «os astros que ignoram o repouso». Foram reconhecidos cinco planetas: Marte, Saturno, Júpiter, Vénus e Mercúrio. Para determinar o norte, e os restantes pontos cardeais, tão importantes para a orientação dos edifícios sagrados e das pirâmides, os astrónomos tinham de visar o meio da elipse formada pelo afastamento máximo de uma das estrelas da Ursa Maior. No tempo das pirâmides, a estrela Polar, da Ursa Menor, não servia para o efeito, porque o eixo da Terra não estava alinhado com ela.

É aos Egípcios que devemos a divisão do dia em vinte e quatro horas. Cada hora, porém, tinha uma duração variável, consoante a estação do ano. No Verão, as horas nocturnas eram muito curtas, pois o período de obscuridade não cobre doze horas reais, enquanto as horas diurnas eram muito mais longas.

A medicina

Os escribas e os sacerdotes mais instruídos constituíam o escol do corpo médico. Os médicos surgem representados nas paredes das mastabas do Império Antigo, desde os primeiros tempos, como um grupo profissional hierarquizado e dividido em várias especialidades. Há médicos de clínica geral, oftalmologistas, dentistas e cirurgiões. A hierarquia conhecia diversos graus, do estagiário ao médico superior, que podia receber a distinção de se tornar médico-chefe do Palácio, ligado à pessoa do rei. O médico é muito apreciado na corte e entre os notáveis, mas, nos campos, tem a preferência o curandeiro da aldeia, que procura aliviar os doentes com o seu arsenal de fórmulas e poções mágicas.

O *Papiro Ebers*, redigido cerca de 1600 a.C., recolhe, classificando-as por doenças e por órgãos envolvidos, as 700 receitas médicas descobertas pelos médicos desde o nascimento da sua profissão no Egipto. O *Papiro Smith* é um tratado de cirurgia: debruça-se principalmente sobre os cuidados a prestar às feridas e fracturas. Os conhecimentos anatómicos dos Egípcios são empíricos: proibida por motivos religiosos a dissecação de cadáveres humanos, não é possível aproveitar as mumificações para obter um melhor conhecimento da fisiologia humana. Os médicos ignoram, por conseguinte, a existência dos rins, da mesma forma que supõem o estômago ligado aos pulmões e os pulmões ao coração, considerado o centro o organismo: «Princípio dos segredos da medicina: conhecer o funcionamento do coração e conhecer o próprio coração. Dele saem as veias que conduzem a cada membro. Ponha o médico os seus dedos na cabeça, na nuca, nas mãos, no próprio coração, nos braços, nas pernas, ou seja onde for, e sempre achará o coração, porque as suas veias conduzem a todo o corpo», afirma o *Papiro Ebers*, que prossegue explicando que o coração bombeia, pelas artérias, o sangue, as lágrimas, a urina e o esperma, o ar (que nelas entra pelo nariz), os alimentos e as matérias fecais.

Para identificar as doenças que atingiram os Egípcios, podemos recorrer aos seus livros de medicina, que delas apresentam uma lista interminável. Vêm hoje completar esta documentação as pesquisas efectuadas nos esqueletos e nas múmias pelos paleopatologistas que trabalham nas estações arqueológicas e que fornecem indicações preciosas acerca da saúde e da higiene da antiga população egípcia. Eram comuns a tuberculose, a varíola e a poliomielite, o tétano e as doenças parasitárias, como a bilharziose. Os Egípcios sofriam muito de artrose nas articulações e um pouco de arteriosclerose. Foi identificado um cancro num homem de cerca de quarenta anos, descoberto na necrópole de Naga ed Der (c. 2200 a.C.), mas a maioria dos tumores era benigna.

Os remédios prescritos são de todos os tipos: pílulas, poções, massagens, pensos, pomadas, cataplasmas, colírios, gargarejos, inalações e lavagens. Os vegetais, com as suas ervas ditas medicinais, fornecem o grosso da matéria-prima de tais drogas, mas também se recorre sem hesitar à farmacopeia de origem mineral e animal, incluindo a excrementícia. Um bom medicamento podia ser composto por uma mistura subtil de carne, gordura e sangue, leite, fezes de animais, lama, e pó de folhas ou raízes.

Dentistas e curandeiros

Os dentes eram tratados por especialistas, que efectuavam reconstituições com uma amálgama pobre à base de resina e malaquite, faziam pontes ligando os dentes com fios de ouro ou prata, e abriam abcessos perfurando a maxila. Quanto aos olhos, continuamente agredidos pela poeira e pela falta de higiene, eram preparadas gotas aquecidas para combater o tracoma e as cataratas. Se podemos duvidar da eficácia dos remédios desenvolvidos pelos médicos do antigo Egipto, sabemos, em compensação, que os cirurgiões obtinham bons resultados, em particular nas operações aos ossos e no tratamento de feridas e fracturas.

Em caso de fracasso ou de impotência, o curandeiro tomava o lugar do médico. Muito presente nas práticas do povo egípcio, só a magia tinha a capacidade de atingir a raiz do mal e de o extirpar do organismo enfermo. Se um homem adoece, é porque é vítima da hostilidade de um demónio, génio mau ou alma penada. Com os seus talismãs e os seus encantamentos, o curandeiro está apto a lutar contra a maldição de tais espíritos maléficos. Legitimado pelos episódios da mitologia egípcia em que um deus obtém a cura pedida pelo doente, o curandeiro implora a protecção desse deus e afasta o Mal, com um êxito que os textos não especificam.

As Artes e os Ofícios

Ao longo de 3000 anos de existência e de transformações semiológicas, nunca a língua hieroglífica fez a distinção entre «artista» e «artesão». O mesmo ideograma, que representa o instrumento metálico utilizado para esculpir vasos de pedra, designa todo o tipo de actividade manual que requeira destreza artesanal ou artística. Significa isto que a cultura faraónica não possuía a moderna noção de arte pela arte e não concebia a realização de uma estátua ou a execução de uma pintura como um trabalho orientado para o Belo. A tal ponto a contemplação dos objectos e dos vestígios do antigo Egipto mergulham o espectador moderno no êxtase e na admiração que seria fácil perdermos de vista esta ausência fundamental de vontade estética na produção artística do tempo das pirâmides. Não é, seguramente, um feito menor dos Egípcios dessas épocas terem colocado os testemunhos arqueológicos da sua civilização no primeiro plano das obras-primas da história da arte mundial, quando não era essa a sua principal missão. Contudo, embora fosse um aspecto secundário das suas preocupações, nem por isso devemos precipitarmo-nos e concluir que os Egípcios eram insensíveis ao Belo.

Uma arte ao serviço da eternidade

O propósito assumido pelos artistas-artesãos é o de pôr todo o seu saber ao serviço da duração e da eternidade. É para este grande projecto que devem concorrer a sua eficiência e o seu desempenho. Ao construírem templos para os deuses ou esculpirem estátuas para particulares, os artistas têm por tarefa prioritária eternizar o real, para ajudar o homem a integrar-se na ordem cósmica e a conquistar a imortalidade. O artista contribui para preservar a vida aproximando-se dela quanto possível, seja qual for o objecto a representar. Quando visitamos as salas de um museu de egiptologia consagradas à estatuária, desconcerta-nos invariavelmente o carácter realista do olhar, do sorriso ou da expressão, quantas vezes únicos, das figuras representadas, sucedendo julgarmo-nos diante de um retrato rigoroso, de uma «fotografia» de pedra ou madeira. O Museu do Cairo conserva uma estátua do Império Antigo baptizada em árabe *Cheikh el-Beled*, «o chefe da aldeia», pelos trabalhadores de Mariette, aquando da sua descoberta, em Sakara, em 1860. Representa uma personagem roliça, de pescoço engrossado pela idade e pela gordura. Tamanha vivacidade lhe anima o rosto e o olhar, sublinhado por pupilas de pedra negra incrustada no alabastro, que os trabalhadores, impressionados pela semelhança com o chefe da sua aldeia, fugiram tomados de medo, supondo estar perante um seu duplo feito estátua. O célebre «escriba sentado» do Museu do Louvre, com a sua expressão concentrada e o seu olhar penetrante, é o retrato perfeito do homem realizado e bem sucedido.

O desejo de prolongar a vida para além da existência biológica, a vontade de imortalizar o pensamento e a espiritualidade, o horror ao efémero, constituíram a origem destas obras, muitas das quais atingiram o objectivo. A mensagem dos Egípcios, preocupados acima de tudo com a eternidade, percorreu os milénios e chegou até nós.

As convenções artísticas

Foram também motivações de realismo absoluto que engendraram os princípios de representação da realidade baseados na combinação dos pontos de vista, particularmente na arte do relevo e da pintura. Os seres devem ser representados tal como são, integralmente, e não como aparecem. Deste modo, para se transmitir a imagem mais completa possível de um ser humano, representa-se o seu olho e ombros de frente, enquanto se privilegia o perfil do rosto, visto que o nariz assim representado é uma característica mais marcada da personalidade. Para se representar todos os aspectos de um jardim, desenha-se o lago em planta, a vegetação circundante de frente e os pássaros de perfil, fazendo da ausência de perspectiva um princípio deliberado. A estatura das pessoas e das coisas é objecto de cânones muito rígidos: o faraó e os deuses são maiores do que os cortesãos, e estes são maiores do que o povo ou do que os inimigos. Estas convenções regeram os gestos do desenhador egípcio e as obras das oficinas dos artistas durante mais de 3000 anos: quase não existe excepção à regra. Não há dúvida de que é esta fidelidade absoluta ao sistema de representação estabelecido de uma vez por todas no início da história faraónica que provoca no espectador moderno uma impressão de homogeneidade, de estabilidade e de serenidade, mas que também pode pesar pelo seu conformismo.

Obras não assinadas

Os autores destas obras – arquitectos, escultores, pintores, desenhadores, coloristas – aprendiam as regras canónicas em oficinas de formação que dependiam das instituições estatais, dos templos ou das colectividades locais. Estes organismos proporcionavam-lhes um ensino baseado em «cadernos de modelos» que revelavam os segredos da produção artística. Forneciam-lhes as ferramentas de trabalho e, no final da aprendizagem, os melhores alunos ficavam e tornavam-se funcionários. Os técnicos da arte eram dirigidos por um «chefe de obras» e trabalhavam em equipas de especialistas, entre as quais havia muitas vezes os homens de uma mesma família, mais dotada do que outras. A sua vida era privilegiada: trabalhando para a eternidade dos poderosos, andavam junto deles e podiam integrar-se nas classes nobres. O anonimato e a humildade eram de regra para estes criadores, tal como para os autores dos textos literários que chegaram até nós: a noção de assinatura artística parece totalmente desconhecida na mentalidade egípcia. Quando muito, hoje, o historiador de arte poderá identificar a produção de uma oficina, mas este reconhecimento deve--se apenas ao olho experiente do especialista.

O único talento individual reconhecido, e até dado como exemplo aos alunos, é Imhotep, o génio criador da arquitectura de pedra no Egipto, a alma inspirada que concebeu a pirâmide de Djoser em Sakara (c. 2700 a.C.). No Império Médio, o nome do artista Irtisen ganhou notoriedade: não foi a sua reputação de bom desenhador que esteve na origem dessa fama, mas a admiração que o filho tinha por ele, ao ponto de lhe erigir uma estela e enaltecer a arte, fazendo-o dizer: «Sei representar tanto o movimento de um homem que se desloca como o de uma mulher que chega, a pose de uma ave apanhada na armadilha, o gesto daquele que espanca um prisioneiro isolado, quando olha de frente e o rosto do inimigo está desfigurado pelo medo; sei representar o movimento do braço daquele que mata um hipopótamo, assim como a posição daquele que corre.»

As técnicas de relevo

O trabalho mais importante de que as oficinas dos artistas estavam incumbidas era a preparação e a decoração gravada dos relevos nas paredes dos templos e dos túmulos. Os vestígios destas decorações, ainda visíveis nos monumentos ou nos museus, deixam entrever a actividade permanente desses lugares de produção em todos os pontos do vale. Quando sabemos que as necrópoles de Guiza e de Sakara conservam centenas de mastabas decoradas entre a IV e a VI dinastias (entre 2630 e 2200), podemos imaginar facilmente a animação e o bulício que reinavam nas oficinas de talha de pedra e de escultura, e lamentar que nenhum sítio arqueológico importante tenha conservado vestígios dessas oficinas.

A primeira equipa a iniciar os trabalhos sobre a superfície lisa da parede é a dos desenhadores, «escribas de contornos». São eles que dão forma à cena, esboçando com tinta as curvas e os traços que darão corpo às personagens representadas. A partir do Império Médio, traçam um quadriculado preliminar no fundo da parede, que lhes serve de referência para as proporções e lhes permite por isso um traçado mais seguro. Intervém depois a equipa dos escultores que, com os seus cinzéis de cobre, fazem o relevo. Têm à sua disposição duas técnicas, que escolhem de acordo com a luz que a parede recebe ou com a localização que terá no monumento. A primeira técnica é o baixo-relevo, ou relevo elevado, que consiste em rebaixar toda a superfície em redor das personagens, que ficam em relevo, com uma saliência de vários centímetros de altura sobre a parede escavada. A outra técnica é o relevo escavado, que só rebaixa a superfície no interior das figuras, fazendo vários níveis para dar relevo às formas e jogar com a luz. Levada ao extremo, esta técnica torna-se gravura escavada quando se trata de textos hieroglíficos que legendam as cenas, nos quais a superfície interior dos sinais é simplesmente elevada e alisada.

Os pintores

Chegam depois os pintores, com as suas paletas, broxas e pincéis feitos de caules de canas, cujas extremidades são mascadas para ficarem desfiadas. Aplicam a tinta em aguada e estendem-na em largas camadas, sem sombras nem modelados. A paleta é composta por seis a oito godés, que permitem uma escolha de cores, às quais a tradição deu, a pouco e pouco, um significado simbólico. O ocre amarelo é reservado à carnação das mulheres, o ocre castanho distingue a pele dos homens, o vermelho é a cor da violência e das forças do mal, o azul é o atributo do céu e da noite, o verde é o símbolo da juventude e da renovação. Os pós das cores são obtidos a partir dos ocres da montanha, para o amarelo e vermelho, e do silicato de cobre para o azul, que, misturado com o amarelo, dá o verde. O branco é extraído do giz e o preto vem do carvão vegetal. Estes pigmentos são diluídos em água dentro de uma concha ou num caco de louça antes de serem amassados com goma-arábica ou clara de ovo, que os torna untuosos e prontos para ser aplicados. Habilmente misturadas, estas cores permitiam tonalidades infinitamente variadas e esbatidas, ora vivas, ora deliberadamente suaves. Mas no tempo das pirâmides, a técnica da pintura, por muito apurada que fosse, só era utilizada para sublinhar a arte do relevo ou da estatuária.

Os escultores

Ainda mais do que no baixo-relevo ou no desenho, o artista-artesão que faz estátuas está convencido de criar uma personagem capaz de ganhar vida. O vocabulário egípcio exprime bem esta ideia, uma vez que qualifica o escultor de «formador da vida», de «modelador de formas» que algum ritual apropriado poderá dotar do sopro essencial, pois a estátua destina-se a seguir o seu modelo no Além para ser o seu duplo exacto. De modo a fazer corresponder totalmente corpo e alma – por assim dizer, a estátua com a pessoa que ela representa – um sacerdote pratica sobre ela o ritual mágico da «abertura da boca», conferindo-lhe assim os cinco sentidos vitais. Para se concluir a vivificação e a identificação da estátua, inscrevem-se no pedestal ou no pilar dorsal os nomes e títulos da personagem. Esta legenda hieroglífica autentica definitivamente a correspondência entre a criatura de carne e a de pedra, juntando as duas para sempre. As estátuas de particulares são os depositários potenciais dos elementos espirituais dos mortos; as estátuas divinas destinam-se aos templos e são objecto de cuidados extremos por parte do clero: no I milénio, os textos dos templos da época greco-romana contam que os sacerdotes as lavam, vestem, alimentam e deitam como se fossem pessoas de carne e osso. Quanto às estátuas dos reis, muito numerosas desde o Império Antigo, tinham múltiplas funções: acompanhar o soberano ao Além e representá-lo nos templos junto dos deuses, seus pais míticos.

Todas as oficinas de escultores aplicavam à sua produção as regras imutáveis da estatuária, que conferem às estátuas egípcias um estilo inconfundível. As personagens sentadas são representadas de frente, com a cabeça colocada verticalmente sobre os ombros, um olhar em frente e impassível e as mãos viradas para baixo sobre as pernas. Quando se trata de um grupo, casal ou família, a impressão é geralmente estranha, porque cada elemento do grupo é representado muito hirto, de frente para o espectador, sem que qualquer ligação física, um olhar, uma inclinação, represente os sentimentos que os unem. Se as olharmos mais de perto, poderemos, todavia, notar o braço do homem, desmesuradamente comprido, que passa ternamente pela cintura da sua mulher. A estátua de um deus ou de uma pessoa em pé representa sempre esta com o pé esquerdo à frente. A partir do Império Médio, as «estátuas-cubos» estão na moda entre os dignitários. Estas estátuas constituem uma categoria única da estatuária egípcia, dando a impressão de que o homem retratado se funde com o bloco de pedra quadrado e geométrico no qual é feito, e do qual só a cabeça emerge. Está sentado no chão, as pernas encolhidas contra o corpo, os braços cruzados e as mãos viradas para baixo, apoiadas nos joelhos, formando tudo uma massa compacta. Uma túnica larga envolve a personagem e faz desaparecer o seu corpo, visível apenas sob as inscrições hieroglíficas gravadas na estátua em todos os sentidos.

A representação de oficinas de escultores é um tema corrente nas paredes das mastabas do Império Antigo. Vemos nelas os escultores, trabalhando por vezes em equipas de dois, a desbastar primeiro as formas da estátua partindo a pedra a golpes de seixos de dolerite ou de martelos de pedra com cabos de madeira. Em seguida, acentuam o contorno do objecto com um cinzel de cobre, que eles orientam com o seu macete. O aspecto final é obtido por meio da enxó e de uma passagem geral com pó abrasivo espalhado sobre uma pedra redonda, o polidor. A estátua passa depois para as mãos dos pintores, que a animam com cores vivas. Infelizmente, não restam quaisquer vestígios de pintura nas estátuas do tempo das pirâmides, excepto nas de calcário, cuja superfície porosa absorveu melhor as cores. O «escriba acocorado» do museu do Louvre ou o casal em tamanho natural de Rahotep e Nefret, do museu do Cairo, são os exemplos mais belos desta estatuária; mostram até que ponto os retoques de pintura conferem uma presença impressionante à estátua.

As estátuas são esculpidas em todos os materiais: madeira, marfim, cobre, bronze, mas é sobretudo a pedra que dá aos escultores a oportunidade de exibirem o seu talento extraordinário. As obras-primas são em diorito, quartzito, basalto, alabastro, granito, xisto e calcário.

A louça de pedra

Ao lado dos escultores, na mesma oficina, trabalham os talhadores especializados no fabrico da louça de pedra. Esta é muito procurada: é sinal de riqueza e luxo; a sua solidez aparente faz dela um símbolo de durabilidade, a sua beleza destina-a aos objectos votados à eternidade, aos presentes que acompanharão o morto na sua derradeira viagem. Contêm cosméticos, perfumes, óleos, mas também frutos e grãos. A ferramenta para furar o bloco de pedra é uma verruma, a mesma que, nos hieróglifos, designa o artesão. Consiste num eixo de madeira com uma manivela na extremidade e munido de uma rosca comprida que é rodada pelo talhador, obtendo assim o entalhe desejado para o seu vaso, cântaro, pote ou prato. Em seguida, desbasta o exterior com o cinzel e pole tudo com areia. As pedras utilizadas para este tipo de louça são pedras duras, extraídas das montanhas do deserto: diorito, calcite, granito, pórfiro e brecha. Os vasos de pedra mais belos datam do IV milénio, alguns séculos antes da época das pirâmides. Talhados em basalto com instrumentos de sílex, adquirem formas fuseladas admiravelmente puras e denotam uma mestria total deste artesanato.

Os artesãos da madeira

O trabalho da madeira foi sempre uma actividade importante, tanto para as necessidades quotidianas como para o apetrechamento do túmulo. Deste modo, a corporação dos artesãos da madeira, em todas as especialidades (marceneiros, ebanistas, carpinteiros, construtores de barcos), também desempenha um papel importante na sociedade egípcia, que gostava de representar as suas múltiplas actividades nas paredes dos túmulos. Infelizmente, as madeiras locais são raras, de baixa qualidade e constituem uma fraca alternativa aos criadores. Na maioria das vezes, têm de se contentar com o que há e utilizam a palmeira para os vigamentos, a acácia para os barcos, para as urnas, cavilhas e entalhos, o sicómoro para as estátuas, mesas e cofres, e o tamariz para os pequenos objectos da vida quotidiana. Reservada para o faraó, para a corte e para o mobiliário sagrado, a madeira importada é ainda mais preciosa: é ao centro de África que se vai buscar o ébano, que tão bem se presta às formas das harpas e dos estojos de jogos, e enviam-se expedições ao Líbano em busca de cedro, madeira dura e perfeitamente adaptada para a construção dos cascos dos grandes barcos.

As ferramentas são simples, mas permitem um trabalho sem defeitos: machados, serras, enxós, cinzéis com cabo de madeira e lâmina de cobre ou de bronze, punções para preparar a abertura dos furos, verrumas em arco para fazer os furos das cavilhas e seixos cobertos de pó abrasivo para o polimento final. A junção dos elementos é por vezes consolidada com cola vegetal, que é sempre guardada ao calor num canto da oficina. Foram descobertas réguas de madeira graduadas em túmulos de artesãos, desejosos de levar para o Além uma ferramenta de trabalho preciosa: graças a estas descobertas, conhecemos a unidade de medida faraónica. Trata-se do «côvado», que corresponde a 52,36 centímetros, ou seja, o comprimento entre o cotovelo e a ponta do dedo médio. O côvado divide-se em quatro palmos e estes subdividem-se em quatro dedos.

Tal como os escultores, os artesãos da madeira têm o estatuto de funcionários e trabalham em equipas repartidas em oficinas que dependem do Palácio Real, dos templos ou das colectividades locais. Nas cenas das mastabas, podemos vê-los em acção, a fabricar urnas, ceptros, edículas de templos, colunetas, mas sobretudo móveis: camas, tamboretes, cadeiras, mesas, arcas, caixas e cofres. As inscrições hieroglíficas legendam a acção: «Polimento de uma cama de ébano pelo polidor da casa», «Perfuração de uma arca por um marceneiro»; ou traduzem os diálogos dos parceiros: «Vai buscar outra serra, camarada, esta está quente!», ou, muitas vezes: «Cuidado com os dedos!».

O estaleiro naval

A construção de um barco constituía a encomenda mais importante que uma oficina podia receber: tratava-se então de construir um barco de transporte público ou ritual, muito mais eficiente do que as barcas de papiro que serviam para as deslocações quotidianas. Seneferu, c. 2630 a.C., manda «Construir um barco de 100 côvados (chamado) "Adoração das duas terras", em madeira de cedro, e outros dois barcos de 100 côvados». Alguns relevos de mastabas descrevem o cenário do estaleiro naval, instalado perto de uma plantação de acácias: as árvores escolhidas pelos lenhadores são abandonadas às cabras que comem as suas folhas, deixando limpos os troncos e os ramos maiores. Os lenhadores vêm depois, abatem as árvores, cortam os troncos, retiram os nós e cortam a madeira com golpes de machado e de enxó. Os marceneiros recolhem as tábuas e preparam as ripas do casco, que são unidas com o auxílio de cavilhas grossas e entalhos. «O ajustamento da peça central», «o ajustamento da amurada» são as legendas frequentes destas cenas, durante as quais os homens gritam: «Desçam tudo!», «Vou esmagar-vos as mãos! Cuidado connosco!» Este grupo é também responsável pela impermeabilização do barco, seguida da aplicação de uma resina aderente que tapa as últimas brechas. O barco é depois muito bem polido pelo artesãos, e por último lugar fixam-lhe uma cabina leve e móvel. «Vou ver algo de belo!», pode finalmente exclamar um deles no fim da obra.

Ourives e ferreiros

Os artesãos do metal trabalham igualmente por equipas e por oficinas. É claro que existe uma hierarquia e grandes diferenças de classe entre o miserável caldeireiro de rua, descrito pela *Sátira dos Ofícios* como aquele «cujos dedos parecem escamas de crocodilo e que cheira pior do que ovas de peixe», e o ourives ligado às oficinas reais que faz os adereços dos nobres. Os primeiros trabalham o cobre importado do deserto arábico e do Sinai; os segundos manipulam os metais preciosos, ouro e electro, extraídos do deserto da Núbia. Os relevos do pavimento da pirâmide de Unas, em Sakara, oferecem um bom exemplo de como era uma forja no Império Antigo. Tudo começa com a entrega e pesagem dos lingotes, sob o controlo do «fiscal dos metalúrgicos» ou do «fiscal das balanças». Por vezes os lingotes chegam à oficina ainda cobertos de terra e podem causar uma surpresa desagradável no momento da pesagem: «Isto não é um lingote! É pedra», lemos por cima de uma cena. Os lingotes bons passam para as mãos dos fundidores que põem o metal limpo num crisol suspenso por cima de um fogo, que eles atiçam soprando vigorosamente por dois tubos de cana. O crisol tem um buraco de lado: quando o metal derrete, escorre por esta abertura. O fabrico dos objectos de metal obtém-se por malhação a frio e martelagem, com o auxílio de martelos de pedra. Os pedaços de metal são dobrados, moldados, rebitados e finalmente polidos para eliminar qualquer vestígio de juntas. O que se produz habitualmente são armas, utensílios e louça funerária (pratos, travessas, bacias, jarros).

As oficinas de ourives recebem o ouro, chamado «carne dos deuses» pelos textos religiosos, no estado de pó, que fundem em pequenos crisóis aquecidos a mais de 1000º C. Depois de arrefecido e endurecido, o ouro é transformado em chapas delgadas, às quais se dá uma forma simples por martelagem. Estas folhas de ouro servem depois para cobrir os objectos de culto em madeira, as estátuas divinas, ou então são aplicadas nas portas dos templos. O trabalho dos joalheiros denota uma mestria total das técnicas da cinzelagem e da esmaltagem. As jóias de ouro são enriquecidas com incrustações de pedras semipreciosas (cornalina, lápis-lazúli, turquesa), de faiança ou de cristal. No Império Antigo, o fabrico de grandes colares de pérolas, chamados *usek*, parece ser a especialidade de joalheiros anões. Com efeito, vemos muitas vezes, sem que a legenda da cena ajude a compreender a razão, dois homens de estatura muito baixa, sentados numa mesa, a enfiar as pérolas ou a atar os fios. Concluído este trabalho, mergulham os colares num líquido indeterminado que lhes confere um brilho e uma solidez a toda a prova.

As oficinas de cerâmica

Os oleiros não têm dificuldade em encontrar a sua matéria-prima: só precisam de descer às margens do Nilo para recolher a argila necessária ao fabrico da sua cerâmica. Depois de a terem pisado e amassado, misturam-na com água, excrementos de boi e palha e obtêm uma pasta untuosa que depois é moldada num torno, aparelho surgido no Egipto durante as primeiras dinastias. Foi assim que, desde as origens, as mãos hábeis do oleiro produziram uma louça muito diversificada: tigelas, travessas, pratos, chávenas, copos, panelas, terrinas, taças, vasos, jarros e garrafas entram nas cozinhas e fazem parte da vida quotidiana. Esta louça de terra é cozida no forno e acabada a frio. A face exterior é revestida com um engobo fluido e avermelhado que lhe dá um aspecto polido e colorido. Para decorar, fazem-se pontos ou linhas geométricas com um estilete ou um pente e completa-se com alguns desenhos figurativos pintados a preto ou branco.

No sítio urbano de Balat (VI dinastia, c. 2300 a.C.), no oásis de Dakhla, as escavações revelaram uma zona de oficinas de oleiros, com área de preparação da argila em tanques, área reservada à cozedura, com fornos ainda visíveis, e sector de secagem e acabamento. Os oleiros não eram os artesãos mais favorecidos: as suas condições de trabalho eram duras, como as dos cervejeiros e dos padeiros, ao lado dos quais são representados regularmente nas pinturas dos túmulos do Império Médio. O seu estatuto não lhes atribuía qualquer privilégio; isto deve-se certamente ao facto de o seu trabalho ser puramente utilitário e a sua produção não se destinar ao mobiliário funerário. Para depreciar as profissões manuais e exaltar a do escriba, Kheti, autor da *Sátira dos Ofícios*, fala assim do oleiro: «(Ele) vive debaixo da sua terra, quando ainda está entre os vivos. Arranca as suas plantas e pisa a lama mais do que um porco para cozer os seus potes. As suas roupas estão duras por causa da argila, o seu cinto está em farrapos [...]».

Curtidores e sapateiros

Desde a pré-história que o trabalho do couro é bem conhecido no Egipto. Numerosos relevos de mastabas mostram os curtidores e os sapateiros a esticar as peles de animais e a juntar-lhes óleo e alúmen para obterem o material flexível e impermeável dos sacos, estojos, odres, foles para o fogo e sandálias. No Império Antigo, Uta, director de uma oficina real de todos os trabalhos de couro, regista, a par dos seus títulos, os produtos manufacturados pelos quais era responsável: «O director do curtume dos porta-manuscritos reais, o chefe dos segredos, aquele que satisfaz o coração do seu amo nos trabalhos de curtição, Uta. O director do curtume do calçado real [...], o director dos artesãos do pergaminho, que manda fazer os rolos de pergaminho do sacerdote-leitor segundo os desejos do seu amo, conforme ao que foi ordenado [...]». O ar das oficinas de curtume era irrespirável por causa do cheiro libertado pelas peles de animal: (o sapateiro), «sente-se bem como se sentiria aquele que estivesse no meio de cadáveres; o que ele come é o couro», diz ainda a *Sátira dos Ofícios*.

Fiação e tecelagem: um ofício de mulheres

No tempo das pirâmides, a fiação e a tecelagem constituem um ofício das mulheres, que exercem assim uma actividade profissional exclusivamente feminina, reconhecida e praticada em oficinas, com as especialidades e a hierarquia habituais. Em troca da sua produção, as tecelãs recebem bens em géneros e, elegância *oblige*, jóias. Um modelo em madeira do túmulo de Meketré (c. 2000 a.C.) e uma pintura do túmulo de Khnumhotep (c. 1950 a.C.), em Beni Hassan, ilustram o funcionamento destas oficinas, chefiadas por uma «directora das tecelãs». Sentadas no chão, as fiandeiras torcem o linho, fazem novelos e depois fiam-no em fusos de madeira. Ao lado delas, duas mulheres trabalham com o tear elevando as fiadas de fio da urdidura, enquanto outras duas enrolam a lançadeira do fio de trama, que elas comprimem regularmente com ajuda de um pente de madeira. Depois de concluídos, os tecidos são marcados a tinta e ostentam assim a marca da sua oficina de origem, traço particularmente precioso para o arqueólogo que os descobre alguns milénios depois. Até ao final do Império Médio, o tear de baixo liço está no chão e obriga a trabalhar curvado ou sentado no chão; será preciso esperar pelo Império Novo para que apareça o tear vertical e para que os homens substituam, a pouco e pouco, as mulheres nestas oficinas.

A cestaria

Descobertos num estado de conservação muitas vezes excelente, os objectos de cestaria eram usados por todos no dia-a-dia e acompanhavam os mais humildes na sua viagem para o Além. Tal como hoje, a esteira de cana ou de palha entrançada permitia que as pessoas se sentassem em grupo debaixo de uma árvore sem recearem os insectos, se deitassem para dormir ou se instalassem nas bancadas dispostas frente às casas, para confraternizarem com os vizinhos ao pôr-do-sol. Servia também para a inumação das pessoas humildes:

são descobertos nos cemitérios modestos, que não estão embelezados por qualquer construção de pedra, Egípcios enterrados em valas comuns, com o corpo enrolado numa esteira de junco que lhes serve de caixão e de túmulo.

O fabrico dos objectos de cestaria parece ter dependido sempre das tarefas domésticas quotidianas das mulheres, sem que a sociedade egípcia tivesse necessidade de fazer disso uma actividade de oficinas específicas. Os cestos e as corbelhas são entrançados «em espiral» com folhas de palmeira, à maneira actual dos Núbios. Foram encontrados sacos, feitos de feixes de cordas ligadas entre si, cheios de grãos: eram levados a tiracolo pelas semeadoras que iam com os maridos para os campos.

A perenidade das formas e das técnicas de cestaria é um dos traços mais admiráveis da produção artesanal no Egipto, desde o alvor da História. Com efeito, é geralmente difícil de acreditar que milhares de anos separam os cestos expostos nas vitrinas dos museus egiptológicos dos seus semelhantes actualmente oferecidos pelos vendedores dos *suks* (mercados) de Luxor ou de Assuão.

A Vida em Família

Todos os numerosos textos sapienciais, que se mandavam copiar aos jovens escribas para lhes ensinar o ofício e lhes inculcar a moral, insistem na necessidade de arranjar mulher e fundar um lar, apresentando a vida conjugal como o segredo da felicidade e a garantia de uma boa inserção social: «Se és um homem de bem, funda o teu lar, desposa uma mulher e ama-a em tua casa como deve ser. Enche-lhe a barriga, cobre-lhe as costas. [...] Torna-a feliz enquanto viveres. É um campo fértil para o seu senhor. [...] Se desposares uma mulher alegre, se ela te faz passar bons momentos, não a rejeites, alimenta-a bem», lê-se nas *Máximas* atribuídas a Ptahhotep, vizir do faraó Djedkaré Isesi (V dinastia) e presumível autor do primeiro tratado de moral conhecido da história da Humanidade.

Fundar um lar

A idade do casamento, para o jovem, é quando a sua situação material e profissional lhe permite prover as necessidades da sua família. «Se já fizeste um nome, então podes fundar o teu lar», aconselha ainda Ptahhotep aos seus jovens leitores. Parece adquirido que o jovem podia desfrutar dos prazeres do celibato quando saía da adolescência, enquanto a jovem egípcia se casava mais nova, geralmente logo na puberdade, por volta dos doze ou treze anos. Esta precocidade pode chocar nos dias de hoje, embora continue em uso em certos países da África negra. Todavia, é preciso lembrar que, nos campos, a esperança de vida era em média de trinta anos, o que fazia com que a idade de entrada na vida adulta fosse antes dos quinze anos.

O vocabulário egípcio não conhece qualquer termo equivalente para o nosso «esponsais», nem sequer para a palavra «casamento», mas distingue duas palavras para designar a mulher, uma que se refere à pessoa de sexo feminino, e a outra à esposa. Nos textos biográficos, os homens afirmam que são casados empregando uma perífrase como: «tomar mulher, fundar uma casa»; mas nada indica que uma cerimónia civil ou religiosa consagrasse a união do casal. O casamento é um acto privado, sem quadro jurídico, concretizado pela «fundação da casa» e pela consequente coabitação dos esposos. Também não há vestígios de contrato de casamento no tempo das pirâmides: é preciso esperar pelo I milénio antes da nossa era para encontrar este tipo de documentos.

É o pai da rapariga que escolhe o futuro esposo e que dá o seu acordo ao casamento, após discussões e negociações com a família do jovem. Tanto nos ricos como nos camponeses, o casamento apresenta-se como um acordo familiar de duas partes, estando a rapariga à disposição do pai para se conformar aos seus interesses. Numa parede do seu túmulo, o nobre Ptahsepsés proclama que «Sua Majestade lhe deu por mulher a filha mais velha, para o distinguir entre os outros».

Contudo, os pais, ou pelo menos alguns deles, levavam em consideração as aspirações das filhas. O amor não está ausente nem das representação de casais, nem da literatura. Muitas vezes, as estátuas mostram o homem e a mulher ternamente abraçados, com os filhos sentados a seus pés e afectuosamente agarrados às pernas dos pais. Nas paredes das mastabas, os proprietários fazem figurar as suas mulheres ao seu lado, associando-as aos bons momentos que passaram na terra e mencionando-as com amor.

A futura mulher era escolhida quer na família próxima, quer no próprio seio da aldeia. É provável que os casamentos entre primos tenham sido frequentes, como ainda é uso no Egipto actual. Mas o vocabulário egípcio é extremamente pobre para distinguir os laços e graus de parentesco que temos o hábito de estabelecer em qualquer pesquisa genealógica. Além disso, a homonímia não facilita o nosso trabalho: numa mesma família, cujos nomes podemos ler numa estela funerária colectiva, é corrente os homens terem o mesmo nome e ocuparem a mesma função; como saber, portanto, se a irmã casou com o seu irmão, o seu primo ou até um vizinho que tem o mesmo nome? Observa-se um certo número de casamentos entre tios paternos e sobrinhas ou entre tias paternas e sobrinhos. Os casamentos entre irmãos e irmãs parecem reservados à família real, de forma a manter a coesão. Esta consanguinidade ficava por aqui: no tempo das pirâmides, não há exemplo de um faraó que tenha desposado a própria filha.

Casamentos mistos e poligamia

Por conseguinte, era sobretudo no círculo próximo que se encontrava o cônjuge: nos conselhos dados aos jovens manifesta-se uma certa desconfiança relativamente aos casamentos «mistos»: «Desconfia de uma mulher que seja desconhecida na tua cidade. Não a vejas como se fosse melhor do que as outras; não a conheces fisicamente: é como uma água muito profunda de que não se conhece os redemoinhos.», escreve o sábio Ani no início do Império Novo (c. 1550 a.C.). As vicissitudes da vida, porém, levarão alguns Egípcios a desposar uma estrangeira: por exemplo, Sinuhe, herói de um romance popular, casa-se com uma princesa asiática e funda o seu lar num país de exílio. Mas quando, no fim da história, pode voltar finalmente para a sua querida terra do Egipto, deixará para trás mulher e filhos, receando certamente que esses «estrangeiros» não se adaptem aos costumes egípcios.

A poligamia não é interdita, mas parece ser pouco praticada: na verdade, a célula familiar composta por um casal de adultos e seus filhos aparece desde as épocas altas como a base da sociedade civil e esta situação, que será de regra na época cristã, só se alterará no Egipto aquando da chegada do Islão, no século VII da nossa era. Os textos, porém, distinguem a esposa da concubina e insistem no estatuto privilegiado da mulher legítima. A concubina encontra abrigo sob o tecto do senhor da casa, pode ter filhos dele, mas está sujeita à sua boa vontade e pode ser expulsa logo que deixar de agradar. Os seus filhos podem depois ser adoptados pelo pai. A mulher legítima deve obediência e fidelidade ao marido; uma única afronta da sua parte poderia pôr em perigo a honra da família. Um dos contos literários transcritos pelo *Papiro Westcar* mostra como a infidelidade era objecto de opróbrio. Esta história passa-se no reinado do rei Nebka, antepassado de Quéfren, e põe em cena um sacerdote-mago, a sua mulher e o amante desta, denominado «o homem vil». Após algumas manobras de sedução, os encontros amorosos dos amantes desenrolam-se num pavilhão do jardim onde «passam um dia feliz», expressão consagrada que designa o prazer carnal. Mas o jardineiro vigia e denuncia o casal ao seu amo. Este, como bom mago, fabrica então um crocodilo de cera que, por milagre, se transforma num gigantesco crocodilo vivo de 7 côvados (mais de 3,50 metros) que devora «o homem vil». Quanto à mulher, é o próprio faraó quem se encarrega do castigo: «Ela foi levada para um terreno a norte da Residência Real. Mandou-a queimar e as suas cinzas foram espalhadas no Nilo.»

Na corte dos faraós desenvolve-se uma sociedade particular muito diferente da das pessoas comuns. Aqui, a poligamia é praticamente de rigor: o harém é uma instituição real que envolve um grupo de mulheres regidas por uma hierarquia codificada. No topo pontifica a «grande esposa real», aquela que se encontra ao lado do rei durante as cerimónias oficiais. Mas o harém não serve apenas para satisfazer as diversas fantasias do faraó: é sobretudo um instrumento do poder faraónico, que, através de todo o tipo de jogos de alianças, conglomera as grandes forças políticas do país e granjeia as boas graças dos países vizinhos.

O divórcio

Nas famílias comuns, o divórcio é admitido quando se verifica o adultério, a infidelidade ou a esterilidade da mulher. Tal como em relação ao casamento, nenhum texto rege as convenções do divórcio: trata-se de um repúdio puro e simples que não precisa da intervenção de qualquer instância jurídica ou religiosa. No que respeita ao tempo das pirâmides, muito poucos documentos referem rupturas de casamentos ou dramas conjugais: impressionamo-nos, sobretudo, com a ternura e profundidade dos sentimentos expressos pelas representações de casais nesta época.

Uma vez casados, o homem e a mulher instalam-se na sua casa que, em princípio, devia ser fornecida pela família do jovem, assim como as terras e outros bens materiais capazes de sustentar o futuro lar. A rapariga, instruída pela mãe desde a infância acerca dos deveres de uma boa dona de casa, toma posse do seu novo domínio. A partir do Império Antigo, todos os textos que referem a mulher casada precedem o seu nome com o título *nebet per*, «a dona da casa», que equivale à «senhora» actual, e determinam assim que a principal tarefa de uma esposa consiste em tratar bem da sua casa e daqueles que ela abriga.

Ter filhos

Após os primeiros meses de casamento, o jovem casal deseja ter filhos. É neles que reside a origem da felicidade e da reputação social; representam também a garantia de ter uma descendência capaz de assegurar o culto funerário. O amor dos pais pela sua progenitura exprime-se sem complexos nas representações familiares e na literatura. Por exemplo, o *Conto do Náufrago* contém estas palavras repletas de bons sentimentos: «Apertarás contra o peito os teus filhos, abraçarás a tua mulher, honrarás a tua casa e isso vale mais do que tudo.» O amor dos pais é também atestado pelas sepulturas de crianças, onde os pequenos cadáveres são tratados com ternura e compaixão.

A representação da mulher grávida é frequente nas estatuetas e figurinhas femininas que datam da pré-história egípcia; mas tende a desaparecer ao mesmo tempo que nasce a civilização faraónica propriamente dita, como se um novo pudor escondesse com discrição este estado porém banal. Todavia, numa parede da mastaba de Ankhmahor, arquitecto real do faraó Teti (c. 2450), sepultado em Sakara, podemos ver cenas de funerais aos quais assistem algumas mulheres grávidas. Uma delas, aliás, desmaia devido à emoção e ao calor.

Os conhecimentos acerca da vida sexual são bastante limitados: os Egípcios pensavam que o esperma era segregado pelos ossos e que se podia conceber uma gravidez pela boca ou pela vagina. Esta é denominada «o almofariz» nos *Textos das Pirâmides*: é aí que a vida do embrião deve formar-se. A alimentação do bebé *in utero* é assegurada pelo sangue materno das menstruações, desviado em proveito da criança durante a gravidez. Para evitar abortos, nascimentos prematuros ou nados-mortos, existe todo um arsenal de práticas médico-mágicas à disposição das futuras mães, cujas orações se dirigem aos deuses protectores das parturientes: Tuéris, o hipopótamo fêmea, e Bés, o gnomo destruidor dos espíritos maléficos. O número impressionante de fórmulas destinadas a proteger a gravidez e o parto denota que a mortalidade infantil e a morte das parturientes eram muito frequentes e causavam um forte pesar nas famílias.

O parto realizava-se no domicílio e era assistido por parteiras profissionais e por outras mulheres da família. A futura mãe ajoelhava--se ou acocorava-se em cima de um estrado constituído por dois tijolos afastados, entre os quais devia aparecer a criança. É a parteira quem dirige o trabalho de parto e presta os primeiros cuidados ao recém-

-nascido. O cordão umbilical só é cortado depois de o bebé ter sido lavado e a placenta removida. Alguns textos referem nascimentos múltiplos, que se estima constituírem um por cento de todos os nascimentos. A mortalidade infantil era ainda decuplicada pelas complicações devidas ao nascimento de gémeos, dos quais muito poucos deviam sobreviver. No entanto, dois irmãos aparentemente gémeos, Niankhkhnum e Khnumhotep, tornaram-se célebres na corte dos reis Niuserré e Menkauhor (V dinastia, c. 2500 a.C.) partilhando as funções de chefes dos manicuros do palácio. Nem a morte os separou: foram sepultados juntos em Sakara, num vasto túmulo cujos relevos sublinham o carácter peculiar dos seus laços familiares.

Segundo o mito do faraó semidivino, é preciso que o seu nascimento seja acompanhado de manifestações extraordinárias, sinal do carácter miraculoso do acontecimento. Um dos contos do *Papiro Westcar* narra assim o lendário nascimento dos primeiros reis da V dinastia, cujo pai titular é Ré: «Um dia, Redjeder começou a sentir as dores de parto. Então, a Majestade de Ré disse às divindades Ísis, Néftis, Meskhenet, Heket e Khnum: "Apressai-vos a libertar Redjedet de três crianças que estão dentro dela e que, no futuro, exercerão esta função ilustre e benéfica em todo este país; construirão os templos das vossas cidades, aprovisionarão os vossos altares..."». Tal como fadas boas, os deuses precipitam-se para a cabeceira da mãe real para a ajudar até que aparecesse o primeiro bebé: «Esta criança passou então pelas mãos de Ísis, um bebé com um côvado de comprimento; os seus ossos eram rijos, os seus membros revestidos de ouro, o seu cabelo de lápis-lazúli verdadeiro.» Três crianças reais nasceram assim, feitas de ouro e pedras preciosas. A rainha passou então catorze dias no «pavilhão do nascimento», abrigo reservado ao repouso pós-natal e à «purificação». Tanto no palácio do rei como na quinta do camponês, considerava-se que, após um parto, a mulher ficava impura e suja pelo seu sangue. Era preciso esperar que tudo voltasse a estar em ordem para que lhe fosse permitido reintegrar o tecto familiar.

Quando nasce, o pequeno Egípcio recebe um nome que lhe ficará ligado para toda a vida, como parte essencial do seu ser. Esse nome, que tem sempre um sentido, pode estar relacionado com as próprias circunstâncias do momento: «Estou contente», «Que satisfação!», «É uma felicidade!», «Um filho para mim!», «Não o darei!», ou ainda «aquele que vem cheio de felicidade». A atribuição do nome pode referir-se à qualidade que se observa ou que se deseja para a criança:

«o despertado», «o amigo», «o amado», «o hábil», «o alegre», «o surdo», «o forte», «o fraco». Por vezes os pais desejam pôr os filhos sob a protecção de uma divindade e dão-lhes nomes relacionados com deuses: «Hórus», «Khonsu», «aquela que pertence a Mut»; ou que se referem a um grande reinado com um nome real como «Seneferu», «Antef» ou «Amenemhat».

Apesar de uma taxa de mortalidade infantil elevada (um morto em cada dois ou três nascimentos), o número de crianças por família ainda era considerável e atingia uma média de quatro a seis. Algumas famílias, dotadas de uma saúde robusta, podiam orgulhar-se de ter dez e até quinze filhos! Estando a adopção regularmente atestada a partir do Império Novo, não há razões para pensar que fosse desconhecida no tempo das pirâmides. A esterilidade de um casal podia ser solucionada com a adopção de crianças que o homem tivera de uma concubina. A criança atrasada, deficiente ou malformada era geralmente abandonada. Via-se nela um ser predestinado, rejeitado pelos deuses, para quem toda a esperança era vã, todo o esforço inútil.

Aleitamento, biberões e enxoval

A educação da criança de tenra idade é confiada à sua mãe, que a amamenta até aos três anos de idade. Para a criança, é a garantia de uma alimentação adaptada e, para a mãe, um meio contraceptivo cuja eficácia é conhecida desde as épocas remotas. Para amamentar, a mãe senta-se no chão e põe o bebé em cima dos joelhos sem recear mostrar-se em público. Até a princesa Sebeknakht (XII dinastia, c. 1950 a.C.) aceita ser assim representada num baixo-relevo. Numerosas estatuetas mostram uma mãe que aperta o filho contra o seu peito, exprimindo assim a própria imagem da fecundidade e de uma certa forma de ideal feminino. Quando sai de casa, a jovem mãe encavalita o filho na anca e coloca-o num porta-bebé feito com um xaile. Fica assim com as mãos livres e pode voltar às suas actividades, nos campos, por exemplo, pouco tempo após o parto.

Um dos ofícios femininos mais exercidos e mais bem considerado é o de ama-de-leite. Nos meios abastados, é corrente a mãe confiar o aleitamento do seu bebé a uma ama-de-leite que se ocupa da criança até aos três anos de idade. Em troca do seu leite e dos cuidados que presta, a ama-de-leite é hospedada e alimentada pela família, que pode assim controlar o comportamento da criança. Como biberões, os Egípcios usavam copelas de terracota com um bico alongado, de que se encontraram alguns exemplares em túmulos de crianças.

O enxoval estava reduzido à sua expressão mais simples, se levarmos em conta os baixos-relevos e as esculturas onde a nudez se impõe como a marca exterior da primeira infância. As crianças só se começam a vestir na puberdade; mesmo assim não é raro ver raparigas com peito já formado a brincar nuas com as suas amigas. No entanto, podemos perguntar-nos se a nudez da criança não será, sobretudo, uma convenção artística que permite distinguir imediatamente os mais jovens dos mais velhos nas representações, enquanto, na realidade, as coisas seriam diferentes. É que as noites de Inverno são por vezes glaciais e temos dificuldade em imaginar que os pais egípcios deixassem os filhos sem roupa. No túmulo de uma rapariga, descoberto em 1982 em Sakara (XI dinastia, c. 2100 a.C.), os arqueólogos descobriram a parte da frente de um pequeno vestido decotado em V, apertado no pescoço por um cordão, que se destinava a vestir a criança no Além. Em vários sítios, as escavações exumaram pedaços de pequenos trajes, o que prova que as crianças não andavam tão nuas quanto os relevos davam a entender.

A trança da infância

O penteado é também uma marca específica da infância: com efeito, rapazes e raparigas usam, uma trança no lado direito e o resto do cabelo é rapado ou cortado curto. É aliás graças a esta trança recurvada que se determina nos textos o vocabulário hieroglífico relativo à infância. Este penteado é também o dos deuses crianças. Durante 3000 anos, o Egipto faraónico conservará uma iconografia estereotipada da criança: anda nua, com a trança de lado e o dedo na boca, indicando assim que a sua desmama é recente. A sua nudez não exclui algumas jóias: braceletes, colares e diversos amuletos, usados como medalhões para afastar da criança os maus espíritos portadores de doenças. A trança do cabelo é por vezes atada por uma fivela ornamentada com uma jóia. Foi assim que a filha do nomarca Ukhhotep de Meir (Médio Egipto, XII dinastia, c. 1959 a.C.) cuidou do seu cabelo para uma saída com a família: a sua trança está atada por uma jóia em forma de peixe que podia ser de turquesa, lápis-lazúli ou cornalina, se tivermos em conta os exemplares conservados nos museus.

Jogos e brinquedos

A partir da altura em que a criança aprende a andar, a sua mãe deixa-a brincar na rua, em frente de casa, com os seus irmãos e vizinhos. Os brinquedos eram sobretudo os que se apanhavam no chão: seixos com que brincavam às pedrinhas, tecidos enrolados em bolas, cacos sobre os quais se rabiscava um tabuleiro. Nas casas da cidade de Illahun, que albergavam os operários da pirâmide de Sesóstris II (1895-1878), foram encontrados brinquedos de crianças. Aqui, as bolas são feitas de pedaços de couro cosido, cheios de palha ou de cevada seca e os piões bicolores são de madeira ou de faiança. Bonecas de madeira ou de argila podem também ser consideradas brinquedos; algumas chegam a ter os braços articulados e perucas amovíveis, com as quais as raparigas se distraíam bastante durante as tempestades de areia! Figurinhas de animais de argila, com a forma de hipopótamos, crocodilos, porcos e macacos povoam as quintas imaginárias dos pequenos Egípcios. Muitos destes «brinquedos» em forma de miniaturas de animais foram descobertos em sítios urbanos: em Balat e Illahun, por exemplo, onde existem vestígios do Império Antigo e Médio. Enquanto são jovens, rapazes e raparigas brincam juntos, como o testemunha um pequeno grupo esculpido do Império Antigo que mostra duas crianças de sexo diferente a jogarem ao eixo.

Para se distraírem, as crianças das margens do Nilo podiam também brincar com os seus animais domésticos. Quando ainda não havia o gato, que só aparece no Império Novo (c. 1550 a.C.), cães, pombos e poupas são os companheiros predilectos das crianças do campo egípcio. Estes animais raramente estão presos; passeiam-se livremente junto dos seus jovens donos que lhes dão nomes afectuosos. Os cães seguem as pessoas da casa nas suas saídas para pescar ou caçar, descritas como os melhores momentos de repouso e distracção para todos os membros da família.

Quando as crianças crescem, os jogos assemelham-se a exercícios físicos e até a lutas acrobáticas, durante os quais os jovens exibem a sua força e virilidade. As vindimas são ocasião para um jogo ritualizado chamado «atirar por Shesemu», o deus do lagar, cuja regra implica que as crianças acertem com os seus paus em alvos colocados no chão. Um jogo de rapazes, conhecido graças a várias representações, parece brutal, quase cruel: um dos adolescentes é capturado por um grupo de jovens e fechado num recinto. Tal como um rato perseguido por um gato, tem de escapar sozinho dessa situação. Se o conseguir, será considerado um «grande». As raparigas estão ausentes deste tipo de exercício; aprendem a dançar e treinam para participar nas festas em honra da deusa Hathor, senhora da música, do amor e da dança.

Educação e passagem à idade adulta

No tempo das pirâmides, a passagem à idade adulta, para os rapazes, é marcada pela circuncisão. Esta prática parece ser mais tarde menos difundida, mas é corrente no terceiro milénio. Uma das cenas da mastaba de Ankhmahor, em Sakara (c. 2450 a.C.), mostra o desenrolar deste acto quase ritual. O adolescente, com cerca de doze anos, é levado diante de um assistente que lhe passa no pénis um produto destinado a acalmar a dor que irá sentir. Depois, é mantido de pé e imobilizado por outro assistente, enquanto o sacerdote-cirurgião realiza rapidamente a operação dizendo ao seu auxiliar: «Segura-o bem, não o deixes desmaiar.» Parece, aliás, que a circuncisão dos Egípcios é uma simples incisão do prepúcio e não a sua ablação total. Outros textos falam de uma cerimónia de grupo, como se todos os jovens da aldeia da mesma idade realizassem este acto ritual ao mesmo tempo: «Quando fui circuncidado, ao mesmo tempo que outros cento e vinte, nenhum de nós foi ferido ou extirpado», conta um notável que viveu por volta de 2100 antes da nossa era. Em relação às raparigas, as fontes não referem qualquer clitoritomia, o que é confirmado pela observação das múmias de mulheres.

Dotadas assim de vários filhos, as famílias egípcias viviam nas suas casas simples de tijolo cru e inculcavam à sua prole os princípios de uma educação sólida. Era o pai quem se encarregava de fazer dos seus filhos bons Egípcios, começando por dar o exemplo de um súbdito feliz por ter aderido desde a infância à ordem moral e social do seu país. Os princípios básicos da sociedade egípcia residem na obediência e no respeito por um equilíbrio concedido pelos deuses e sempre ameaçado pelas forças do Mal. Para manter este equilíbrio, cada indivíduo deve adaptar-se ao grupo e perpetuar as tradições dos Antigos. A educação das crianças tem uma dupla missão: guiá-las no respeito da moral social e ensinar-lhes, a pouco e pouco, a prática da sua profissão futura que será, muito provavelmente, a mesma do pai.

As *Máximas* do sábio Ptahhotep revelam, desde o Império Antigo, os segredos de uma educação bem sucedida: «Se és um homem de bem, e se tens um filho, pela graça de Deus, se este é apto, se está próximo da tua natureza, se ouve as tuas instruções. [...] Se cuida dos teus bens, então esforça-te por cuidares dele, pois é teu filho. Não separes o teu coração do seu». O mesmo Ptahhotep que aconselha os jovens a fundar um lar e a cuidar das suas mulheres adverte severamente contra os atractivos da homossexualidade e da pedofilia: «Não copules com um adolescente efeminado... não permitas que passe a noite a fazer aquilo que é proibido; deste modo, ele acalmar--se-á depois de lhe ter passado o desejo.» Noutro texto, num conto literário, a homossexualidade é apresentada como um comportamento ridículo, tanto mais que é atribuído a um faraó, suspeito de manter uma amizade especial com o chefe do seu exército. Trata-se de uma falta essencial à moral egípcia e ao código de boa conduta que se deve esperar de todos e, *a fortiori*, da figura mais elevada do Estado.

Da casa à cidade: a habitação

Os nossos conhecimentos acerca das cidades, aldeias e casas do Império Antigo e Médio limitam-se aos raros vestígios de arquitectura civil registados nos sítios urbanos. Infelizmente, a maioria destes está destruída ou coberta por construções mais recentes. De uma forma geral, os Egípcios estabeleciam as suas aldeias em pontos elevados, ao abrigo da cheia; e esta regra foi observada até aos anos 60 do século XX, quando a construção da barragem de Assuão acabou com a cheia anual do Nilo. Para encontrar no vale vestígios de uma habitação cujo material de base era o frágil tijolo cru, o arqueólogo tem de destruir numerosos estratos de construções sucessivas, na ténue esperança de chegar até a uma época tão afastada quanto a que lhe interessa. Por acaso, alguns sítios urbanos tiveram uma vida curta, tendo a sua localização sido escolhida mais por razões políticas do que por estarem bem situados relativamente à cheia: é o caso de alguns sítios actualmente em pleno deserto, como Ain-Asil ou Illahun, cidades cujas fases de ocupação são limitadas no tempo.

Estendendo-se sobre cerca de 40 hectares, Ain-Asil abriga os vestígios da capital regional fundada pelos governadores do oásis de Dakhla, no deserto líbio, no final do Império Antigo (entre c. 2400 e 2100). As escavações recentes levadas a cabo pelo Instituto Francês de Arqueologia Oriental mostraram que esta cidade se desenvolveu no interior de largas muralhas munidas de torres, que cercavam habitações e actividades. Aqui são visíveis os vestígios bem conservados de edifícios administrativos, militares e religiosos, incluindo as câmaras funerárias dos governadores, cujos corpos eram sepultados a algumas centenas de metros do lugar, nas mastabas maciças da necrópole de Balat. A pequena habitação, propriamente dita, é mais difícil de determinar: todas as construções são espaçosas; algumas casas chegam a ter 165 m², com uma zona de cozinha-padaria e quartos em redor de um pátio.

Muito diferente é a implantação da cidade de Illahun, na província de Faium. Esta cidade foi fundada por Sesóstris II (1881-1873 a.C.), quando os faraós do Império Médio, para melhor controlarem todo o país, deslocaram o centro administrativo de Mênfis para Faium, na junção do Alto e Baixo Egipto. Aí mandaram igualmente edificar as suas pirâmides: a cidade de Illahun tinha como função alojar, com as suas famílias, os mestres de obra e os operários construtores da pirâmide de Sesóstris II. A sua população estima-se em cerca de 5000 habitantes. A cidade é delimitada por uma muralha espessa, que forma um rectângulo de 400 metros de comprimento por 350 metros de largura. No interior, distinguem-se claramente dois bairros, que correspondem a duas classes sociais bem distintas. A este, no lado dos notáveis e dos cortesãos, uma dúzia de casas apresenta um plano espaçoso (entre 1000 e 2400 m²), arejado, disposto em redor de um pátio com peristilo que distribui várias salas de recepção. Para quem vem da rua há acessos directos às cozinhas, aos alojamentos do pessoal e às despensas. Nas partes nobres da *villa*, um corredor comprido serve os aposentos do dono da casa e numerosos quartos, que podem alojar mais de cinquenta pessoas. Alguns destes quartos têm casas de banho, cujas paredes estão cobertas de lajes de pedras estucadas. O chão estava pavimentado e as águas usadas escorriam para um recipiente encastrado no solo, que o pessoal doméstico esvaziava regularmente. As paredes são sempre em tijolo cru: este tijolo é fabricado com uma mistura de palha e lama, que é seca ao sol dentro de moldes de madeira. A sua colocação faz-se com o auxílio de uma argamassa de palha, lama e areia, com que o pedreiro reveste a parede depois de montada. Colunetas de madeira suportam o tecto cujas vigas são feitas de metades de troncos de palmeira, cobertas de palmas, esteiras, molhos de juncos ou de papiros; o conjunto é encimado por uma camada de barro amassado com palha, aplicada com uma ligeira inclinação para o exterior de modo a assegurar o escoamento das eventuais águas da chuva. Uma escada permitia subir ao telhado-

-terraço, lugar de repouso apreciado quando, ao pôr-do-sol, se queria aproveitar o ar do entardecer. Em geral, as aberturas eram a norte, de onde sopra a brisa calmante e refrescante. As janelas, abertas na parte alta das paredes, eram estreitas e deixavam entrar nos quartos o mínimo de luz e de ar para manter a frescura no interior da casa. Não havia qualquer abertura a oeste, para se protegerem do vento de areia violento e sufocante que sopra do Sara e permeia a atmosfera na Primavera. As portas, de madeira, giravam sobre gonzos fixados na soleira e no dintel. Eram fechadas com o auxílio de trincos. O chão era de terra batida, enquanto as soleiras e os lintéis eram geralmente talhados na pedra.

No lado oeste estende-se o bairro dos operários: 200 habitações apertadas umas contra as outras que raramente têm mais de três divisões: uma sala de estar, um ou dois quartos, uma cozinha com forno de pão, mó de grão e silo, sendo tudo encimado por um telhado--terraço. Tanto a oeste como a este, tal como em todos os vestígios arqueológicos urbanos desta época, as técnicas e os princípios de construção nada variam: o tijolo cru e a sua argamassa continuarão a ser os materiais de base de toda a arquitectura civil do Egipto faraónico. Ainda os encontramos actualmente nas aldeias do Alto Egipto, e a observação das habitações actuais ajuda incontestavelmente o arqueólogo a situar o Egípcio do tempo das pirâmides no seu ambiente normal.

A vida quotidiana

O despejo dos lixos domésticos, a luta contra os roedores e o aprovisionamento de água constituíam a preocupação quotidiana dos lares egípcios. A higiene não era de regra: em geral, os dejectos eram despejados no canal mais próximo, quando não eram simplesmente acumulados fora da aldeia num vazadouro. Em Illahun, os arqueólogos identificaram um depósito de esgotos no exterior da muralha. Abundavam as moscas e os mosquitos, em particular no Delta pantanoso. O historiador grego Heródoto conta que os habitantes do Delta, que ele visita no século V antes da nossa era, utilizam as suas redes de pesca como mosquiteiros para dormirem tranquilos. Pulgas e percevejos frequentam sem pejo os animais e os móveis das casas, enquanto os celeiros e as cozinhas atraem irresistivelmente os ratos e as ratazanas, que não eram ameaçados por nenhum gato, porque no tempo das pirâmides este animal ainda não fora domesticado.

O aprovisionamento de água nas casas e nos serviços públicos era assegurado pelas comunidades. Eram as mulheres que, em grupo, se deslocavam ao canal no fim da tarde. Transportavam para a aldeia os seus pesados jarros cheios de água, bem equilibrados sobre as suas cabeças. Banhos, lavagens de louça e de roupa e limpezas necessitavam de um grande consumo de água e exigiam que estas mulheres efectuassem viagens frequentes ao rio. As grandes lavagens de roupa parecem ter sido sobretudo tarefa dos homens; estes deslocavam-se então ao Nilo ou ao canal e lavavam aí a roupa, enquanto os filhos mais jovens se banhavam sob a sua vigilância. Os estaleiros de construção e as fábricas de tijolo recorriam a carregadores de água profissionais que, por vezes, utilizavam burros para transportar a carga.

As aldeias antigas eram constituídas por casas modestas perfiladas ao longo de ruelas estreitas, que fervilhavam com uma população ruidosa e alegre. A iluminação nestas casas de aberturas estreitas era assegurada por lamparinas, de que foram encontrados alguns exemplares: trata-se de copelas de terracota ou de pedra nas quais ardem torcidas embebidas em óleo. Quanto ao mobiliário, era modesto, excepto na corte. O essencial compunha-se de arcas de madeira, nas quais se guardava louça e roupa de casa. Os assentos eram simples tamboretes cúbicos; algumas mesinhas podiam servir para pôr a louça em cima ou para tomar as refeições. O chão estava juncado de esteiras, sobre as quais se dormia, pois as camas de madeira estavam reservadas à classe abastada. Usavam cabeceiras para a noite: estes apoios de cabeça feitos de madeira ou de pedra, aparentemente pouco confortáveis, deviam favorecer o sono das pessoas e protegê--las das picadas de insectos rastejantes.

As bancadas de tijolo cru construídas ao longo das paredes interiores e exteriores serviam para os Egípcios se sentarem, receberem os vizinhos e amigos ou também para dormirem. Este elemento da casa, perfeitamente integrado na sua arquitectura, ainda é visível nas aldeias do Alto Egipto e nos oásis do deserto líbio. Estas bancadas são o sinal mais expressivo, e também o mais simpático, de um funcionamento social e doméstico característico do modo de vida dos Egípcios, para quem o convívio com os amigos e o repouso são prioridades formais.

Um Dia Bem Preenchido

Ptahhotep, vizir e ministro da Justiça por volta de 2400 a.C., é uma excepção entre os Egípcios: é praticamente o único que se fez representar a levantar-se de manhã. É também graças a ele que podemos imaginar o início do dia nas margens do Nilo, não esquecendo que a cena se desenrola na casa de um vizir, segunda figura do Estado. Depois de acordar, Ptahhotep arranja-se e ordena aos criados que se ocupem da sua *toilette*. O pessoal é numeroso: são necessários pelo menos seis criados para apresentar as roupas do dia ao amo, barbeá-lo, penteá-lo, polir-lhe as unhas das mãos e lavar-lhe os pés. Na corte do Faraó, encontra-se uma figura de estatuto elevado, «director da *toilette* do rei», cuja tarefa consistia em gerir o numeroso pessoal ocupado com os cuidados do corpo de Sua Majestade. Esta devia sentir-se sempre limpa e bem barbeada.

Entre as pessoas mais simples, o barbear era tarefa do barbeiro, que tratava da barba e do cabelo ao mesmo tempo. A cena passava-se ao ar livre; o barbeiro sentava-se num tamborete, a boa altura para barbear o cliente, que se acocorava a seus pés. No III milénio, a navalha era uma simples lâmina de pedra, muito amolada de um lado, encastrada num cabo de madeira. Encontra-se, porém, já alguns exemplos de lâminas de cobre e de bronze, que se tornarão depois os utensílios correntes para a barba.

Como o calor, a poeira e os trabalhos nos campos davam geralmente vontade de se refrescarem, a limpeza do corpo era uma necessidade quotidiana. Na maioria das vezes, limitavam-se a lavar o rosto e as mãos, vertendo água de um jarro para um recipiente. Nos dias de maiores limpezas, banhavam-se dentro de água, um pouco como numa «banheira» dos tempos modernos. Para o pessoal dos templos, a limpeza e a depilação dos corpos são referidas como uma obrigação ritual.

Vestir-se

A tecelagem e o fabrico de vestuário são actividades exclusivamente femininas. As mulheres proviam as necessidades da sua casa ou podiam até agrupar-se em oficinas para vender a sua produção, sob o controlo de uma «directora das tecedeiras». As tangas e os vestidos são feitos de linho, matéria flexível, leve e resistente, quente no Inverno e fresca no Verão, conforme seja tecida folgada ou apertada. O tecido mais usado é branco ou bege, de trama simples. O linho apresenta, além disso, a vantagem de ter um custo pouco elevado, uma vez que é cultivado em todo o Egipto. As cenas de colheita dos molhos de linho passam-se, aliás, geralmente sob o olhar conhecedor das mulheres que podem apreciar imediatamente a qualidade da matéria que irão trabalhar. A lã era conhecida, pois criavam-se cabras e ovelhas, mas não era utilizada no fabrico de vestuário porque a sua origem animal a tornava certamente tabu.

A moda evoluiu pouco e não aparece como um sinal de classe no tempo das pirâmides. Os homens andam de tronco nu e usam uma tanga curta, uma simples peça de tecido rectangular que envolve a cintura até acima dos joelhos e se ata com um nó à cintura. Certas categorias profissionais têm um vestuário específico: por exemplo, os vizires usam uma tanga comprida e engomada, que sobe até abaixo dos braços e é presa por um laço à volta do pescoço, enquanto o pessoal dos templos, no exercício do culto, deve cobrir os ombros com uma pele de leopardo. Trata-se, talvez, de uma reminiscência das peles de animais com que se cobriam os homens dos primeiros tempos.

As mulheres usam um vestido comprido e justo, preso debaixo dos seios por duas alças. É um trajo tradicional bastante representado nas imagens das deusas nas paredes dos templos até ao final da época faraónica. Este vestido realça a elegância das formas femininas, mas não parece muito adaptado aos trabalhos quotidianos. Na corte, os elegantes vestem por vezes túnicas de mangas largas e decotadas em V, que revelam uma técnica de costura bastante elaborada. Nas noites mais frescas cobrem também os ombros com um xaile leve. Algumas peças de roupa denotam uma arte desenvolvida da costura, apesar do carácter rudimentar dos utensílios à disposição das costureiras. Era necessário cortar os tecidos com lâminas amoladas e cosê-los com agulhas de osso ou de bronze, grossas e pouco práticas. Era com os mesmos utensílios que se cosiam os elementos das sandálias que algumas pessoas calçavam. A maioria dos Egípcios andava descalça, tanto em casa como na rua. Só a partir da segunda metade do II milénio é que se vê habitualmente um modelo único de sandália, composta por uma sola em fibra de papiro, casca de palmeira ou couro, à qual são ligadas duas correias de couro que passam entre os dedos grandes dos pés.

Pentear-se

O penteado era parte integrante da *toilette* e era objecto de cuidados diários muitas vezes descritos nos relevos e nas pinturas. Os cabeleireiros são muito procurados e podem desempenhar um papel importante nas grandes casas onde trabalham. Os homens e as mulheres escolhiam entre manter os seus cabelos naturais ou usar uma peruca, costume geralmente reservado para as grandes ocasiões. Os homens usavam o cabelo curto, penteado para trás com as orelhas à mostra, ou o cabelo cortado em várias espessuras, que envolve a cabeça e as orelhas como uma touca redonda feita de pequenas madeixas curtas e encaracoladas. Este último penteado era, talvez, uma peruca, pois o cabelo natural dos egípcios era geralmente liso e pouco propício a um frisado tão regular. Para as festas e cerimónias, usavam uma peruca semicomprida, dividida por uma risca ao meio em dois lados simétricos, que desciam até aos ombros. Algumas esculturas mostram a raiz dos cabelos sob esta espessa cabeleira, indicando assim que se trata realmente de uma peruca.

Em relação às mulheres, a elegância era notória, tanto no arranjo dos cabelos naturais como no uso de uma peruca. As damas da corte penteavam-se durante o pequeno-almoço. É isto que está descrito numa cena encantadora do sarcófago da princesa Kauit (c. 2060 a.C.). Enquanto um criado lhe entrega uma taça de leite dizendo-lhe «À tua saúde, senhora!», uma jovem criada ocupa-se da peruca fina e encaracolada da dama e fixa as madeixas com ganchos de cabelo, que se sabe, através de alguns exemplares encontrados nos túmulos, serem de madeira, osso ou marfim. A princesa segura um espelho, que lhe permite dirigir as operações enquanto toma o pequeno-almoço e apreciar o resultado antes de se entregar às suas ocupações de dona de casa. A peruca de Kauit é muito semelhante à dos homens: curta e encaracolada, cobria a testa, destapava as orelhas e punha-se na cabeça como um pequeno elmo. A outra peruca feminina é o penteado tradicional das deusas: enquadra o rosto com três zonas regulares, que descem até ao peito. As mulheres usam o cabelo comprido e por vezes fazem tranças e rolos. Quanto às raparigas, usam geralmente tranças compridas que terminam num gancho em forma de bola e jogam sabiamente com as suas cabeleiras nas demonstrações de dança.

Foi recentemente descoberta em Deir el-Bahari, no Alto Egipto, uma oficina de perucas, que data aproximadamente da primeira metade do II milénio. Todo o material necessário para o fabrico de perucas encontrava-se aqui, no chão, pronto a ser usado: vasos de alabastro cheios de cabelos, tranças já feitas que misturam cabelos naturais e fibras vegetais, assim como um estojo de papiro que servia para guardar alfinetes, agulhas e facas de sílex. O objecto mais impressionante desta descoberta é um modelo de cabeça esculpido que servia de manequim, sobre o qual o cabeleireiro traçara a negro os pontos de fixação das perucas.

Para se pentearem, utilizavam pentes de alisar de osso ou madeira e para conservar os movimentos e ondulações fixavam as madeixas com cera de abelha aquecida ou resina. Os cuidados capilares recorrem bastante a pomadas e loções destinadas a dar brilho e flexibilidade. Receitas para lutar contra a calvície e para pintar o cabelo revelam que estes cuidados estavam já no centro das preocupações da população egípcia do III milénio. Os sinais de envelhecimento estão aliás quase sempre ausentes das representações humanas, sejam pintadas ou esculpidas: prefere-se ficar para a posteridade com os traços da juventude.

Maquilhagens e unguentos

Uma vez vestido e penteado, o Egípcio não concluíra, porém, a sua *toilette*. A mais insignificante festividade era ocasião para tirar perfumes, cosméticos, maquilhagens e jóias dos seus estojos de madeira ou de papiro. Os unguentos eram feitos à base de óleo (vegetal ou animal), aromatizado com mirra, terebinto ou incenso, e serviam para amaciar a pele e conferir-lhe um perfume agradável. Desde a época pré-dinástica que os recipientes de óleos e de unguentos têm formas inspiradas no mundo animal e vegetal: vasos em forma de macaca que segura a sua cria, vasos representando dois patos adossados cujos pescoços curvados formam as asas, copela de maquilhagem em xisto a imitar um cesto de vime. Até os potes de unguentos mais modestos, de terracota, apresentam uma decoração cuidada e uma manufactura requintada.

Homens e mulheres pintam os olhos, geralmente acentuando as suas pálpebras com um traço de col negro, que é um pó fino obtido pela moagem da galena extraída das montanhas das costas do mar Vermelho. O col embeleza os olhos e protege-os das doenças oftálmicas e das infecções causadas pelas moscas. Os Egípcios pintavam o cabelo, as palmas das mãos, as plantas dos pés e as unhas com pó de hena que lhes dava um tom vermelho carregado: muitas múmias de mulheres e crianças apresentam vestígios desta pintura e atestam que este uso era tradicional. Este costume ainda existe actualmente no campo egípcio.

Jóias para o dia-a-dia

Simultaneamente ornamento e protecção mágica, as jóias são essenciais na vida quotidiana dos homens e mulheres das margens do Nilo. Do mais modesto ao mais nobre, toda a gente as usa, talhadas nos materiais mais diversos. Desde a pré-história que se fabricam pérolas, anéis ou colares em osso, concha, marfim de hipopótamo ou de elefante, dente de crocodilo, pedra, faiança ou simples correias de couro. O ouro também aparece muito cedo, extraído das minas da Núbia e dos desertos orientais. Considerado uma dádiva dos deuses, por vezes até um dos múltiplos aspectos da carne divina, o ouro é privilégio dos nobres e ornamenta o pescoço e os braços do faraó e da sua corte. A joalharia faraónica não conheceu as pedras preciosas, como o rubi ou o diamante, mas fez grande uso de pedras finas, produzindo assim jóias requintadas e multicolores, nas quais alternam o laranja da cornalina, o violeta da ametista, os verdes da turquesa ou do feldspato ou ainda o azul intenso do lápis-lazúli. A estas matérias acrescentam-se o jaspe, a granada e o cristal de rocha, extraídos os desertos do sudeste do país, enquanto nas costas do mar Vermelho se apanham conchas que fornecem um nacre matizado.

As jóias mais correntes são o colar, a bracelete e a argola de tornozelo, cujo uso parece generalizar-se no início do III milénio.

Mesmo quando trabalham nos campos, as Egípcias não deixam os seus modestos adornos-fetiches, feitos de pérolas multicolores e tiras de couro. O trabalho dos ourives destina-se à família real e aos cortesãos: um dos tesouros da ourivesaria faraónica foi descoberto no túmulo da mãe de Quéops, a dama Hetep-heres, falecida por volta de 2550 a.C. Entre os seus artefactos funerários encontrava-se um cofre que continha uma vintena de braceletes de prata e marfim decoradas com borboletas, composições deslumbrantes de elementos justapostos de turquesa, lápis-lazúli e cornalina.

Durante o Império Antigo, difundiu-se rapidamente a moda do largo colar *usekh*, formado por várias fileiras de pérolas cilíndricas, em faiança azul ou verde. Pouco mais tarde, as pérolas começam a ser substituídas por amuletos e a decoração do pescoço passa a ser um simples fio ornamentado com uma grande pérola ao meio. Príncipes e princesas usam «peitorais»: trata-se de placas largas e rectangulares que ornamentam o peito e apresentam uma decoração brilhante e multicolor, onde hieróglifos, elementos vegetais e símbolos da realeza se combinam em cores e materiais.

Para fixar as perucas, as mulheres usam uma *bandolette* frontal que, nas cabeças coroadas, pode ser um diadema. Simples tira na qual se prende uma flor de nenúfar nos dias festivos, a *bandolette* constitui um elemento essencial da elegância, como o testemunham os numerosos exemplos encontrados nos túmulos do Império Médio junto de príncipes e princesas sepultados em Dahchur ou Licht. A tira de ouro é então engastada com motivos incrustados: margaridas, pequenos pássaros ou peixes, rosetas de turquesa ou de lápis-lazúli, que lembram subtilmente pequenas barras ao longo das madeixas da peruca.

Usado como bracelete, como medalhão ou como anel, o amuleto protege o pequeno Egípcio desde que nasce. Resume-se, em geral, a um signo hieroglífico de pedra ou faiança que significa «vida», «saúde», «longevidade», «juventude», «estabilidade», «prosperidade», tudo qualidades que se deseja garantir graças ao poder mágico destes pequenos objectos. Nos dedos, ostenta-se um simples anel ou, melhor, um «escaravelho» embutido e montado num engaste. No Império Médio, o lado liso do escaravelho serve de bilhete de identidade ao seu proprietário: aí se lê, gravados na pedra, o seu nome e profissão, indícios sempre muito apreciados pelos arqueólogos. Por vezes encontra-se uma fórmula de protecção mágica ou o nome de uma divindade inscritos no escaravelho, que dão a este ornamento grande poder profiláctico.

Complemento indispensável a uma *toilette* impecável, o espelho é um sinal exterior de riqueza. «A serva, que antes mirava o seu rosto na água, possui agora um espelho», lê-se num texto nostálgico que descreve os abalos sofridos pela sociedade egípcia no final do III milénio. Em cobre e depois em bronze, os espelhos apresentam-se como discos pouco espessos, ligeiramente oblongos, cuja superfície é polida até que o reflexo não cause qualquer deformação ao rosto. O seu cabo tem uma decoração encantadora: esculpido em madeira, marfim ou até metal, inspira-se no mundo vegetal e adquire a forma de uma umbela de papiro ou de um molho de folhas, quando não tem a própria imagem da cabeça de Hathor, deusa do amor.

As refeições

As tarefas quotidianas não eram razão para se fazer grandes despesas nem para se ostentar os mais belos adornos a todo o momento. A indumentária do dia-a-dia era reduzida aos adereços mais simples e não devia estorvar os gestos habituais, dos quais o mais corrente era, em todas as casas, a preparação das refeições.

À excepção dos anos de cheia fraca ou de desordem política, que provocavam uma desorganização da administração, toda a gente tinha o que comer no Egipto antigo. É verdade que havia diferenças de qualidade e de quantidade entre as classes sociais, mas, em geral, o país era suficientemente fértil e próspero para alimentar toda a gente. Parece que os Egípcios tomavam três refeições por dia; as da manhã e da noite eram as mais consistentes e o almoço podia ser apenas uma simples bucha para os camponeses que trabalhavam nos campos. O jantar é muitas vezes citado nos textos: era a refeição mais agradável, a que se partilhava em família, na frescura do crepúsculo. As representações dos túmulos mostram regularmente cenas de refeições, mas trata-se de refeições fúnebres, destinadas a satisfazer todos os gostos do defunto e a fornecer-lhe um leque muito variado de alimentos, o que certamente não constituiria a ementa quotidiana dos Egípcios. Contudo, podemos deduzir daqui as subtilezas da arte culinária faraónica e apreciar a sua diversidade. Algumas cenas de piquenique, organizadas por ocasião de caçadas ou pescarias, proporcionam-nos uma ideia melhor da refeição comum, frugal e convivial.

A base das refeições é constituída essencialmente por pão e cerveja, ambos fabricados com os mesmos cereais, cevada e trigo amidoado. Alguns vestígios comprovam a existência de grandes padarias, mas, em geral, a preparação do pão era tarefa das mulheres da casa. Debruçadas sobre as suas mós, estas trabalhavam o grão até obterem uma farinha quase fluida que depois era peneirada. Amassavam então a pasta, juntando levedura, leite, sal e especiarias. Esta massa era dividida em pequenos pedaços redondos, que levedavam ao sol no degrau da porta de casa. Podia-se também colocá--la em formas, se se quisesse obter na cozedura uma forma particular, lisa e redonda ou do tipo de pão de família. Um relevo do Império Antigo apresenta dezanove variedades de pão, desde a bolacha achatada até ao pão cónico, branco e açucarado, passando pelas formas ovais e quadradas, cujo sabor devia diferir ligeiramente. Nesta época, cozia-se o pão no fogão da cozinha, que era uma laje assente em três pedras; mais tarde, no Império Médio, utiliza-se um forno de tijolo, alto e cilíndrico. Uma vez cozido, o pão é recheado com papas de favas ou de feijão e constitui a refeição-tipo, que os Egípcios acompanham com a sua bebida favorita, a cerveja.

É também às mulheres que incube a preparação da cerveja. Numerosas estatuetas mostram as cervejeiras a pisar a massa, a vigiar a fermentação ou a filtrar o líquido, cujo teor de açúcar elas aumentam, quando necessário, juntando sumo de tâmaras. Havia numerosas variedades de cerveja: parece que as pretas eram mais correntes do que as louras, reservadas para as refeições festivas.

Além da cerveja, pouco aconselhada às crianças, bebe-se leite, tirado das vacas, das cabras, das ovelhas e das burras. O leite entra na alimentação quotidiana dos Egípcios na forma líquida ou coalhado e salgado. Esta papa láctea, acompanhada de pão e cebola, figura regularmente nas rações alimentares distribuídas à mão-de-obra dos estaleiros e das pedreiras. Também se bebe vinho, mas raramente, porque a viticultura exige uma terra e cuidados particulares. Os Egípcios mais abastados importam o seu vinho do Delta, do Faium ou dos oásis do deserto líbio, em jarros devidamente rotulados que indicam a proveniência, a colheita e a data. Algumas grandes quintas do vale do Nilo possuem a sua própria vinha, suportada em pérgulas, e fornecem uma produção suficiente para regar os festins da casa. O Império Antigo já conhecia seis qualidades de vinho, distintos pela sua proveniência, mas o mais corrente é o vinho tinto, obtido a partir de uma uva moscatel escura e espessa.

Desde esta época que as paredes dos túmulos mostram muitas cenas de pesca e de açougues, e são estas representações que devemos consultar para saber como se preparava a carne e o peixe. É difícil avaliar a gastronomia faraónica, visto que ainda não se descobriram papiros-livros de culinária que nos dêem a conhecer as receitas da boa mesa do vale do Nilo.

A carne, mais rara do que o peixe, era na maioria das vezes cozinhada em guisado pelas mulheres da casa. Comia-se porco, cabrito, borrego ou vaca quando se tratava de animais de criação; antílope, íbex ou gazela quando se tratava de caça do deserto. Depois de o animal ter sido abatido, a sua carne era esquartejada, cortada aos bocados, seca ou cozida, o que assegurava uma maior conservação dos pedaços. Em Abusir, escavações recentes puseram a descoberto o matadouro anexo ao templo funerário do faraó Reneferef, falecido em 2485 a.C. e sepultado na sua pirâmide, que se encontra muito próxima. Nesse local, baptizado pelos textos como «a casa do cutelo», os homens sacrificavam os animais, na sua maioria touros, e preparavam a carne necessária às exigências do culto funerário do faraó defunto. No matadouro, grossos blocos de calcário permitiam manter os animais presos e atados enquanto os açougueiros lhes cortavam a garganta com um golpe certeiro de cutelo. A cerimónia era igual nos matadouros das aldeias, mas aqui o consumo de carne era mais reduzido: um papiro proveniente dos arquivos do templo de Abusir diz-nos, com efeito, que pelo menos 130 touros foram sacrificados no espaço de dez dias. Esta quantidade de carne não se desperdiçava, porque após terem prestado o culto e feito a oferenda os sacerdotes podiam partilhar os alimentos entre si e os seus familiares. As aves de criação, criadas e engordadas nas capoeiras das grandes propriedades e das quintas, fornecem um complemento de carne substancial: pombos, grous, patos e gansos são muito apreciados e, pelos vistos, acessíveis às pessoas mais humildes. Quanto aos animais do deserto, pontificam na ementa das grandes mesas: a sua carne, muito fina, é comida bem assada nas grandes ocasiões. Prepara-se um braseiro no exterior enquanto os cozinheiros enfiam o animal num espeto que depois vão rodando sobre o braseiro. É a mesma maneira de cozinhar que encontramos para a preparação do peixe, de consumo bastante corrente porque os pântanos e os canais fornecem belas presas aos pescadores. São temperados com especiarias: erva-doce, aneto, funcho, coentros, cominhos e tomilho entram na composição das melhores receitas, quando não são usados para fabricar remédios. A gordura de cozinha provém de quatro tipos de animais e o óleo é extraído do sésamo, do linho e do rícino, sendo o melhor o de moringa. O mel é um produto de luxo, pois as colmeias são raras; por isso, quando não há mel, usa-se tâmaras para adoçar um alimento.

Cebolas, favas e feijões são os legumes de base da refeição quotidiana, mas por vezes colhe-se outras variedades nas hortas: alho, ervilhas, alfaces, alho-porro, lentilhas e pepinos, que são objecto de cuidados meticulosos por parte dos hortelões das propriedades agrícolas. Os pomares fornecem grande quantidade de fruta: além da vinha, cultiva-se figueiras e tamareiras, cujo valor nutritivo é reconhecido desde muito cedo.

Antes de qualquer refeição, a família lava as mãos com a água vertida de um jarro que se encontra perto dos pratos. Quer sejam ricos ou pobres, comem com as mãos, e a presença do jarro, que também servirá no fim da refeição, é sistemática. No início do III milénio, parece que comem mesmo no chão. A família senta-se numa esteira de junco onde a comida está disposta num grande prato central: cada um tira com a mão o que quiser. O costume de tomar a refeição sentado frente a uma mesa vai-se progressivamente enraizando ao mesmo tempo que se desenvolve a civilização egípcia. A partir da V dinastia (c. 2500 a.C.) aparece uma mesa baixa ou uma mesinha de centro mais elevada de pedra, frente à qual os convivas se sentam aos pares, enquanto as crianças ficam sentadas no chão. Embora se coma muito em família, reunindo todas as idades e sexos, não se observa, porém, cenas de grandes refeições familiares, visto que a mesa alta é um móvel desconhecido no Egipto antigo. Ainda hoje, os Egípcios do campo comem no chão, trabalham sentados com as pernas cruzadas e acocoram-se à porta das casas ou debaixo de uma árvore para conviver com os amigos.

A louça vulgar é de terracota; é o oleiro da aldeia que a molda com a argila recolhida nas margens do rio e que a coze no forno municipal. Os sítios arqueológicos estão cheios de cacos de cerâmica grosseira, de pasta espessa e acastanhada, sem decoração, que servia para guardar a comida dos Egípcios da Antiguidade. Obra de artesãos hábeis e requintados, a loiça de pedra pertence sobretudo ao mobiliário dos túmulos e parece não ter servido muito na vida quotidiana. Para as oferendas destinadas aos mortos reservavam-se pratos de pedra ou de terracota fina e decorada. É graças a este costume que se pode hoje admirar, nos museus, o aspecto mais perfeito da produção cerâmica faraónica, que dá, de facto, uma ideia bastante errada da louça utilizada no quotidiano.

Entretenimentos e distracções

Embora o trabalho nos campos e na casa ocupasse grande parte do tempo das famílias, ainda sobrava algum para se dedicarem aos entretenimentos. Desde cedo que a civilização egípcia mostrou o seu gosto pelos jogos e divertimentos, e os primeiros exemplos de jogos de sociedade encontrados em escavações datam da I dinastia.

A distracção mais simples é o passeio, a pé, de liteira ou de barco. O Egípcio aproveitava uma saída ao campo, onde tinha algum assunto a resolver na propriedade, para levar a família, fazendo-se escoltar por criados e assistentes, quando ele era o dono das terras. O barco ou a liteira estavam reservados aos membros importantes da família, os outros faziam o caminho a pé. Por exemplo, a princesa Idut (c. 2400 a.C.), que se entretém a passear pelos canais dos pântanos, desloca-se na sua barca acompanhada pela ama e por um criado, enquanto dezanove pessoas a escoltam na margem. Ti ou Ptahhotep, notáveis da corte, preferem a liteira, que ocupam sozinhos. Eram necessários pelo menos quatro homens para levar aos ombros a liteira sobre a qual era instalado o assento com espaldar. O proprietário subia altivamente para esta cadeira e ordenava aos outros servos que segurassem guarda-sóis para o proteger do sol. Para ganharem coragem e dar um ritmo regular ao cortejo, cantavam em coro. As letras desses cânticos estão muitas vezes gravadas por cima das cenas que representam o senhor em passeio: «Alegres estão os que carregam a cadeira! É mais agradável quando ela está carregada do que quando está vazia! Avante, companheiros, para proteger aquele que está de boa saúde!», cantam os carregadores, desejosos de lisonjear o patrão.

Aqui e ali correm alegremente cães em liberdade e divertem-se com macacos presos; participarão nos momentos de caça ou de pesca que a saída pode proporcionar. Tanto em casa como no passeio, os animais domésticos são os melhores companheiros dos momentos de descanso. Os nomes que davam aos cães demonstram a afeição que tinham por eles: chamavam-se «o bom pastor», «o fiel», «o corajoso», «o rápido», «o mestre». Desde a I dinastia, c. 3050 a.C., que os Egípcios enterram os seus cães com carinho: estelas de pedra gravadas com o nome de cães foram descobertas nos cemitérios arcaicos de Abido, no Alto Egipto. Um faraó chegou até a promulgar um decreto na altura da morte do seu cão: «Sua Majestade ordena que o cão seja enterrado e que se lhe dê um caixão da Dupla Casa do Tesouro, estofo, incenso e óleo sagrado.»

Os jogos de sociedade

Em casa, os serões passam-se no sossego, no terraço ou na soleira da porta. Os Egípcios respiram o ar fresco da noite e distraem-se com alguns jogos de paciência, de sorte ou de reflexão. Para além deste aspecto lúdico quotidiano, os jogos de sociedade têm uma conotação religiosa fúnebre: as pessoas são sepultadas com tabuleiros, pedrinhas e piões para jogarem o seu destino após a morte com as forças invisíveis do Além. Por conseguinte, não era inútil treinarem-se enquanto estavam vivas. Um dos jogos mais populares é a *senet*, antepassado do gamão do moderno Oriente. Os dois parceiros instalam-se frente a um tabuleiro de trinta casas e fazem avançar piões em forma de cones decorados com animais ou personagens. O tabuleiro podia ser gravado mesmo no chão, sobre o pavimento, ou ser feito de pedra, terracota ou madeira. Neste caso ornamentava-se a parte superior de uma caixa com gaveta na qual se guardava os piões. Não é raro reconhecer num sítio arqueológico uma lasca de calcário sobre a qual uma pequena mão desconhecida traçou um tabuleiro, e é então muito difícil de saber se esse objecto é antigo ou do século XX da nossa era!

Outro jogo de dados e de piões era o *mehen*, ou jogo da serpente. Jogava-se sobre uma pequena mesa circular que tinha a forma de uma serpente enroscada à volta da sua cabeça e gravada com casas alternadas em baixo e alto relevo. Podem jogar seis jogadores, tendo cada um à sua disposição três piões em forma de leão, três em forma de leoa e seis berlindes de cores diferentes. Numa parede do túmulo de Kaiemankh (c. 2300 a.C.), em Giza, podemos ver alguns jovens entretidos no jogo da serpente: o tempo de reflexão é longo, um deles impacienta-se e diz «Despacha-te!» ao seu parceiro embaraçado. As regras do jogo perderam-se, mas parecem semelhantes às do nosso jogo do ganso, ou, ainda melhor, às de um jogo sudanês ainda praticado, o *jogo da hiena*. No Império Médio, a partir de 2050 a.C., o jogo do cão e do chacal foi muito apreciado pelos Egípcios. Jogava-se a dois, cada parceiro dispunha de uma série de cinco pauzinhos em osso, terminados em cabeças de cães ou de chacais, que ele deslocava sobre um tabuleiro com furos regulares. O próprio tabuleiro podia ter uma forma animal: o do museu do Louvre é um hipopótamo achatado, cujas costas recebem as fichas.

Músicas, cânticos e danças

A música e a dança acompanhavam tradicionalmente os rituais dos templos. Mas não lhes estavam reservadas: na vida privada também eram praticadas por ocasião dos grandes eventos familiares, das festas e banquetes profanos que alegravam a vida das aldeias. As *Máximas de Ptahhotep*, compilação de sábios conselhos para viver como bom Egípcio, dão grande importância aos prazeres terrenos: «Não reduzas o tempo consagrado ao prazer [...] não percas o teu tempo nos trabalhos quotidianos, quando já fizeste o necessário para a tua casa. Quando a fortuna está feita, segue o teu desejo; pois a fortuna não tem qualquer interesse se estivermos aborrecidos». A omnipresença aparente do divino no mundo egípcio não nos deve fazer perder de vista que cada um nutria uma viva inquietude quanto ao seu Além e tinha grande interesse em gozar bons momentos na Terra. É este, aliás, o sentido do *Canto do Harpista*, melopeia muito popular que os músicos entoam nos banquetes para incitar os convivas a pensar na morte para a esquecer e gozar o tempo presente. Esta cena, muitas vezes representada nas paredes dos túmulos privados, mostra-nos as estrofes mais conhecidas deste poema cantado: «Ninguém regressa da morte para nos falar do seu estado, para nos transmitir as suas necessidades, para reconfortar os nossos corações. Alegra-te enquanto vives, segue o teu coração e a tua felicidade [...] pois os lamentos não salvam ninguém da cova!»

Este refrão era certamente a cantiga mais clássica do repertório dos harpistas, acompanhados apenas pelo seu instrumento. A harpa está associada aos prazeres carnais; a sua melodia doce incita os casais à ternura. Por exemplo, Mereruka, genro do faraó Teti (c. 2360 a.C.), pede à sua mulher, a encantadora princesa Uatet-Khethor, que lhe toque um pouco de harpa enquanto ele se prepara para se deitar.

No Império Novo aparecerão (1552-1070) grandes orquestras organizadas, mas na época que nos ocupa a música limita-se essencialmente ao canto, a solo ou em coro, acompanhado por um ou dois instrumentos. Um quirónomo dirige a música, indicando, pela posição das suas mãos, o tom a dar, a nota a tocar e o ritmo a seguir. Gostaríamos de conhecer os sons que saíam destes conjuntos; infelizmente, os Egípcios ignoravam qualquer sistema de notação musical e tornaram assim puramente hipotética e imaginária a reconstituição da sua música. A par da harpa e da lira, importada da Ásia, estão bastante representados os instrumentos de sopro, feitos de cana, madeira ou metal. Flautas e instrumentos de palheta são os mais difundidos: vemo-los com tubo simples ou duplo, com um número de buracos que varia de três a cinco. Complementos indispensáveis das cenas de dança, os instrumentos de percussão têm o seu lugar em cada lar: as dançarinas tocam matracas batendo com os pés e voltejando, como ainda se faz na Andaluzia com as castanholas. No campo, os ceifeiros e os vindimadores partem para o trabalho com alguns pares de matracas: para se animarem, para trabalharem em candência e manter um bom ritmo cantam acompanhados pelos seus instrumentos. É este mesmo costume que encontramos ainda hoje nos estaleiros das escavações quando um dos operários, o bardo do grupo, põe o seu cesto no chão e, batendo com as mãos, entoa uma música entusiástica, cujo refrão os outros acompanham, sem saberem que os seus antepassados encontravam semelhante ânimo da mesma maneira. Foram encontradas muitas matracas no mobiliário funerário; são de madeira, osso ou marfim, e têm a forma de mãos ou antebraços, lembrando que são uma transposição instrumental do gesto de bater as palmas. Não há dúvida de que a sua presença, largamente atestada nos túmulos, se deve ao valor mágico que lhes era atribuído pelas crenças egípcias: ao bater as matracas, afugenta-se os maus espíritos e protege-se o defunto no seu repouso eterno.

Decerto que é esta mesma interpretação mágica que se deve atribuir à descoberta do primeiro tambor conhecido do Egipto antigo. Descoberto num túmulo que data do Império Médio (c. 2000 a.C.), este tambor, uma simples pipa cilíndrica de madeira de palmeira coberta de pele esticada nas duas extremidades, estava colocado perto do sarcófago como acessório estrondeante da passagem para o Além. No segundo milénio, tambores e tamboris eram usados em todas as festividades, quer religiosas quer profanas.

Por ocasião de banquetes e outros divertimentos privados, os espectáculos de dança são executados por raparigas muito jovens, que evoluem em harmonia, como um bailado. Balanceiam-se graciosamente, com o cabelo ao vento, fazendo movimentos irregulares e elegantes, por vezes em pontas. A «dança dos espelhos» põe em cena uma coreografia complexa durante a qual as raparigas seguram um espelho cujo cabo evoca a figura de Hathor, deusa do amor, da alegria e da ebriedade. Nestas cenas, uma das dançarinas destaca-se do grupo por um movimento mais acrobático: trata-se da bailarina-estrela do grupo de bailado.

Outro espectáculo muito apreciado pelos convivas durante os banquetes era a luta entre homens. Como jogo e desporto, a luta era uma oportunidade para os jovens exibirem a sua destreza e para se treinarem no combate. Numa parede da sua mastaba, Ptahhotep (c. 2400 a.C.) mandou representar uma dessas cenas: os lutadores opõem-se dois a dois; agarram-se com os braços e têm de fazer o adversário perder o equilíbrio, até que um deles caia. Depois, o vencedor defronta o campeão do grupo vizinho, até ao confronto final entre os dois melhores. Para grande satisfação dos espectadores, os golpes são violentos; por vezes, é necessário evacuar um ferido numa padiola. A cena de luta mais célebre está representada numa parede do túmulo de Kheti, administrador regional da província de Beni Hassan (c. 2000 a.C.). Aqui podemos admirar, em cinco registos sobrepostos, 219 grupos de dois lutadores que se agarram cordialmente. Nesta época, a luta era considerada não só uma distracção, mas sobretudo um treino físico para a vida militar que os jovens súbditos de Kheti teriam de conhecer.

Na corte do faraó, as distracções mais requintadas devem-se aos espectáculos realizados por pigmeus, trazidos a grande custo do centro de África. O seu corpo disforme impressionava e divertia, enquanto a liberdade e o ritmo muito africano dos seus movimentos balanceados dava à sua dança um carácter exótico muito apreciado pelo círculo do soberano. Uma carta escrita pelo jovem Pepi II (c. 2200 a.C.) testemunha a atracção exercida por estes pequenos e preciosos dançarinos. Muito entusiasmado com a ideia da chegada em breve à corte de um novo Pigmeu, que um alto funcionário, chamado Herkhuf, foi buscar à região de Dongola, pede-lhe que tenha muito cuidado com ele: «Vem já de barco à Residência. Deixa os outros e traz contigo esse anão para as danças do deus e para alegrar o coração do rei... Se vier contigo no barco, põe homens capazes nos dois lados do barco para evitar que ele caia à água. Se dormir à noite, coloca homens capazes para dormirem à volta dele na sua cabina. Efectua uma ronda dez vezes por noite.» O Pigmeu chegou são e salvo, e a festa pôde começar no Palácio Real.

A Vida nos Campos

Se o Egipto nasceu do seu rio, na verdade só pôde sobreviver e prosperar graças ao extraordinário labor dos Egípcios para explorarem ao máximo possível as capacidades agrícolas conferidas pelo Nilo. A estreita simbiose entre o sol, a água e os homens permitiu que este país tirasse o melhor partido da sua riqueza e fornecesse uma produção alimentar variada e à altura das necessidades do seu povo. Desde muito cedo que o domínio da água e a gestão da irrigação, natural e depois artificial, se tornaram preocupações gerais, tanto do camponês no seu campo como do alto funcionário no seu gabinete ministerial. Ganhar terreno ao vasto deserto inóspito e conservar cada vez mais superfície de «terra negra» no vale, rico e fértil em lodo, são os objectivos declarados dos Egípcios. No tempo das pirâmides, calcula-se que a superfície cultivada seja de 8000 km². Foi preciso esperar pelos progressos consideráveis devidos à construção da alta barragem de Assuão, no século XX da nossa era, para que este número aumentasse imenso, passando nestes últimos anos para mais de 40 000 km².

A cheia do Nilo

Aos olhos dos Egípcios, a cheia aparecia como um sinal tangível da acção divina, a única capaz desse milagre salvador. Quando a cheia era insuficiente, representava, pelo contrário, a ira dos poderes supremos que decidiam gerar a fome. Uma cheia fraca era o principal flagelo que o camponês temia permanentemente, e as manifestações exuberantes de regozijo que acompanhavam a chegada, por volta de

20 de Julho, das primeiras águas lodosas são a prova do alívio que esta subida das águas causava no espírito dos Egípcios. Um *Hino ao Nilo*, cuja data de composição é desconhecida, mas do qual várias versões nos são dadas por manuscritos do Império Novo, exprime esta espectativa: «Salve, ó Nilo, saído da terra, vindo para dar vida ao país [...], que inunda os campos que Ré criou para dar vida a todos os animais [...], que produz a cevada e faz crescer o trigo para que os templos estejam em festa. Se ele for preguiçoso, os narizes asfixiam, toda a gente empobrece. Se ele se erguer, o país exulta e todos ficam contentes [...]». Este texto de catorze estrofes glorifica o espírito Nilo--Hapi, personificação da cheia, cuja cólera se temia e que era coberto de louvores e presentes. Até ao início do século XX, os Egípcios, recordando ritos e gestos antigos, perpetuavam tradições pagãs milenares a cada nova subida das águas. A cheia era ocasião para uma festa nacional que arrastava todos os Egípcios para as margens do seu rio, ao qual lançavam como oferenda flores, comida e, ainda mais simbólico, bonecas destinadas a excitar o seu desejo de encher e inundar o país.

Os anos de «vacas magras»

A fome era a consequência directa daquilo a que os textos chamam um «Nilo baixo». Quando ocorriam, estes anos maus permaneciam gravados na memória colectiva durante muito tempo: os ricos aproveitavam para salientar o facto de continuarem a alimentar as populações, apesar do estado alarmante das reservas dos seus celeiros. No início do II milénio, Ameni, chefe da província do Órix no Médio Egipto, mandou gravar o seguinte texto numa parede do seu túmulo em Beni Hassan: «Fui misericordioso, bondoso e sempre amado, um governador amado pelos meus súbditos. Não molestei nenhuma rapariga do povo, não oprimi nenhuma viúva, não repeli nenhum camponês, não me desviei de nenhum pastor. Não houve pobres nas minhas imediações, ninguém morreu de fome no meu tempo. Quando vieram os anos de fome, mandei lavrar todos os campos da minha província até às suas fronteiras do Norte e do Sul e sustentei os seus habitantes, dei-lhes comida e ninguém teve fome na minha província. Dei tanto à viúva quanto à casada e não fiz qualquer distinção entre o pequeno e o grande nas minhas distribuições. Depois chegaram os Nilos abundantes, que trouxeram cevada e trigo, férteis em todas as coisas boas; mas nada exigi como imposto retroactivo sobre a colheita.» Quando não podiam contar com um governador tão generoso, os pobres pediam a todos os seus familiares dispersos pelo país que lhes enviassem comida. Hekanakht, sacerdote enviado em missão ao norte do país, por volta de 2000, escreve assim à sua família que ficara em Tebas: «Cheguei aqui e reuni para vós o máximo possível de provisões. O Nilo, com efeito, não está muito baixo? E as provisões que reunimos são em proporção da cheia. Aqui, começa-se a comer pessoas. Não há ninguém em lado algum que dê comida. Deveis aguentar até ao meu regresso: conto passar aqui a estação *shemu* (Março a Julho).»

A estação da inundação

É o Nilo que marca o ritmo à vida da agricultura e que, em função do seu fluxo e refluxo, determina o calendário dos trabalhos dos camponeses. As três estações do ano têm os nomes dos acontecimentos agrícolas que dominam o período correspondente. A primeira estação (*akhet*), de meados de Julho a meados de Novembro, é a da inundação. O camponês pode então ficar em casa, nesta época do ano em que o sol é abrasador e em que se aprecia a sombra da casa. O rio trabalha por ele, invadindo lentamente o campo e enchendo o solo gretado de aluviões ricos e húmidos. É então que se aproveita o tempo livre para reparar ou fabricar as ferramentas para o trabalho que se seguirá.

As pinturas em baixo-relevo de alguns túmulos mostram que as ferramentas do camponês eram rudimentares. A enxada era composta por uma lâmina de madeira dura inserida num cabo e presa a este por uma corda. Derivado da enxada, mas feito a uma escala maior, o arado permite lavrar um sulco regular na terra húmida. Esta forma básica de charrua é puxada por um homem ou por uma parelha de bois, enquanto o lavrador enterra e guia a relha no solo, que é assim aberto profundamente. Para ceifar os cereais, utiliza-se um foucinho de madeira, ligeiramente encurvado, cuja parte superior, fendida longitudinalmente, tinha uns dentes de sílex cortantes e facilmente substituíveis. Mesmo após o aparecimento do bronze, a partir do Império Médio, a ferramenta lítica continuou a ser utilizada durante muito tempo e não é raro encontrar objectos de sílex, pedra dura e cortante, no material arqueológico recente. Por exemplo, em Balat, no oásis de Dakhla, a escavação do sítio urbano do final do Império Antigo revelou um lote importante de ferramentas de sílex: lâminas, pontas, martelos, polidores – objectos quotidianos que coabitam com o metal, mais aprimorado e precioso. A pedra dura era também utilizada para talhar madeira, que servia para fabricar todo o material de joeiramento e de enceleiramento: crivos, forquilhas, ancinhos, alqueires. As sacas e as redes para guardar os cereais eram feitas de fibras vegetais, couro e tecido, em cuja execução as mulheres também ajudavam.

Durante a estação da inundação, os camponeses deslocavam-se de barca de papiro e, nas suas embarcações, vigiavam o nível das águas e a resistência dos diques e reservatórios de água. Podiam assim recuperar alguma energia antes de voltar ao trabalho, que, a fazer fé nas descrições transmitidas pelos textos literários, devia ser esgotante. Para encorajar o filho a ingressar na escola pública e incitá-lo a aprender o nobre ofício de escriba, Kheti (c. 2000 a.C.) descreve-lhe, na sua célebre *Sátira dos Ofícios*, a dura condição do camponês: «O camponês geme sem parar, a sua voz é rouca como o grasnar do corvo. Os seus dedos e braços estão cheios de pus e cheiram mal. Está cansado de andar a pé pela lama, vestido de farrapos e andrajos. [...] À noite, quando deixa o campo e regressa a casa, chega completamente esgotado da caminhada.»

Este género literário, que visa exaltar a profissão de escriba e rebaixar os trabalhos dos camponeses analfabetos, nasceu no Império Médio com a chegada de uma classe média importante aos gabinetes da administração faraónica, à qual desagradava um eventual regresso à terra. Além da sujidade e da fadiga inerentes aos trabalhos dos camponeses, estes textos lembram as dificuldades e os prejuízos naturais que qualquer cultivador podia esperar: uma cheia fraca, uma tempestade de granizo, uma nuvem de gafanhotos, a pilhagem dos pássaros, uma praga de ratos, as visitas imprevistas do gado das pastagens vizinhas, sem esquecer as incursões dos hipopótamos esfomeados, que devoravam os campos logo que o camponês virava costas.

O camponês não era proprietário do seu pedaço de terra: em princípio, só o faraó era senhor exclusivo dos campos, dos templos e das cidades. Para explorar a terra, o faraó confiava a sua gestão e economia a rendeiros oriundos da nobreza ou da grande burguesia, que recrutavam grande número de pessoal afecto aos seus domínios. Na altura da colheita, o Estado enviava para o local escribas-

-funcionários, que colectavam a parte pertencente ao Tesouro Público, deixando a outra parte ao rendeiro que, por sua vez, pagava uma parte aos camponeses como salário pelo seu trabalho. «Uma pequena gavela por dia é tudo o que recebo pelo meu trabalho», lamenta-se um camponês, enquanto ceifa o trigo. Não há dúvida de que, no Egipto antigo, toda a gente tinha comida, mas o pão de cada dia era mais ou menos abundante conforme o estatuto de cada um.

A irrigação artificial

Os historiadores ainda não chegaram a acordo sobre a datação das primeiras iniciativas a favor da irrigação artificial, constituída por uma rede de canais secundários destinada a levar a água até zonas do deserto que não eram alcançadas pela inundação natural. No entanto, a escavação de canais está representada em documentos muito antigos: a clava do Rei Escorpião, um dos faraós da primeira dinastia (final do IV milénio), mostra este soberano com uma enxada na mão prestes a abrir uma brecha num dique de retenção, enquanto uma personagem lhe apresenta um cesto contendo, talvez, feixes de trigo ou plantas. Mas este documento muito lacónico tem uma interpretação um pouco dúbia e hoje os estudiosos concordam em considerar que a existência comprovada de canais do Império Antigo se deve apenas à facilidade que estes conferiam ao transporte de cargas pesadas ou à circulação de pessoas com pressa de chegar ao seu destino. Até ao final do Império Antigo, os Egípcios ter-se-iam limitado a explorar as terras inundadas pela cheia e a aproveitar chuvas ocasionais ainda bastante numerosas nesta altura para tirarem bons proventos dos seus campos. Uma série de cheias fracas e um forte crescimento demográfico no final do III milénio fizeram evoluir as técnicas agrícolas e levaram o governo do faraó a programar, à escala nacional, a construção de represas, diques, barreiras e canais de irrigação.

Deste modo, um outro *Kheti*, príncipe da província de Assiut, c. 2100 a.C., vangloria-se de ter aberto um canal de 10 côvados de largura, ou seja, 5,20 metros, para irrigar novas terras a partir de uma lagoa. Durante a XIII dinastia (início do II milénio), o desenvolvimento da irrigação artificial é uma preocupação constante das colectividades locais e do Estado. A exploração do oásis do Faium e do campo circundante, graças ao desvio das águas do Bahr Yussef (canal que vai do Nilo até ao lago do Faium), é um dos grandes feitos económicos dos faraós desta dinastia. Ao explorarem a água do lago Moéris e abrirem canais desde o Bahr Yussef, os Sesóstris e os Amenemhat criaram uma nova província agrícola, de paisagem próspera e acolhedora.

No III milénio, para irrigar os seus campos mais elevados, situados fora da zona quadriculada dos canais, o camponês transportava aos ombros uma vara simples, da qual pendiam dois cântaros de argila cheios de água retirada do canal mais próximo. Este processo rudimentar e penoso é muitas vezes mostrado nos relevos das mastabas do Império Antigo: um dos quadros gravados no túmulo de Mereruka (c. 2360 a.C.) põe em cena hortelãos, com varas aos ombros, debruçando-se sobre os seus canteiros de alfaces para as regar delicadamente. Os canteiros são delimitados por diques de terra relativamente altos que retêm a água. Em Niankhkhnum e Khnumhotep (c. 2500 a.C.), a rega dos legumes parece ser uma actividade específica de certos carregadores que aí trabalham de manhã à noite. Só no século XIV a.C. é que será importado da Mesopotâmia o *chaduf*, instrumento mecânico de elevação de água que ainda se vê no campo egípcio.

Lavouras e sementeiras

No último mês da estação *akhet*, em Novembro, os camponeses vigiam o início da descida do nível das águas. Em meados de Novembro começa a estação *peret*, «a emergência», em que o rio volta a pouco e pouco ao seu leito, deixando aflorar («emergir», se traduzirmos literalmente o termo egípcio) as terras aguadas e fertilizadas pelo lodo. É então um momento de actividade intensa nos campos: não há um minuto a perder para preparar o terreno e explorar o melhor possível esta terra mole, húmida, fértil e fácil de trabalhar. «Deseja-se a cheia, ela é útil; mas não há campo lavrado que se crie sozinho», lembra precisamente um texto sapiencial da XII dinastia. Lavradores e semeadores percorrem os campos, não hesitando em recrutar as suas mulheres e filhos nos dias de mais trabalho. Se o pessoal permanente afecto à propriedade não for suficientemente numeroso, o rendeiro responsável pela exploração das terras pode contratar uma mão-de-obra sazonal, a mesma que, na altura da cheia, se encontra nos estaleiros das grandes obras do Estado.

O cultivo do linho e dos cereais ocupa a maior parte dos terrenos agrícolas. Esta cultura é a que está mais descrita nas paredes das mastabas, em imagens e palavras, porque, para nosso grande contentamento, estas cenas são legendadas pelas conversas dos camponeses, que podem tender para o gozo ou para a injúria. Em grupos de dois, os homens avançam na terra humedecida, com os pés enterrados até aos tornozelos, e atarefam-se em redor da junta de bois ou vacas que puxam o arado: um incita os animais e bate-lhes com um chicote quando os gritos não resultam, o outro lavra o sulco e revolve a terra. «Vamos, condutor, despacha-te, avança com os bois. Tem cuidado, o patrão está ali e observa», podemos ler num diálogo. Noutro lado, um camponês vangloria-se: «Farei mais do que o patrão quer». O seu companheiro é menos fervoroso: «Despacha-te a acabar o teu trabalho para que cheguemos cedo a casa». Quando exigem mais esforço aos animais de tiro, os camponeses estimulam-nos com gritos: «Arre» é o grito habitual que o camponês dirige às suas vacas às quais ele chama «as trabalhadoras»; «Puxem com força, trabalhadoras. Meia-volta!» Atrás dos lavradores ou ao seu lado caminha o semeador, que pode ser uma mulher. Leva a sua saca à bandoleira ou o seu cesto de vime na mão, de onde retira punhados de sementes que são espalhadas no sulco. Por vezes a terra está tão mole que de nada serve revolvê-la e pode ser semeada sem estar lavrada. Outras vezes, pelo contrário, nas zonas menos inundadas, lavra-se a terra com um enxadão para desfazer os torrões ainda duros.

Após as sementeiras, é preciso enterrar as sementes no solo para evitar as razias dos pássaros e facilitar um bom crescimento. Para isso, recorre-se à colaboração dos pastores, que trazem os seus rebanhos de ovelhas e cabras, e que deixam no campo para pisarem com os cascos a terra semeada. Os pastores, considerados bons cantores, entoam um refrão nostálgico de que conhecemos vários exemplos: «O pastor está na água no meio dos peixes. Conversa com o peixe-gato (siluro), discute com o peixe do Nilo. Ocidente! Onde está o teu pastor?» Esta canção exprime a solidão dos pastores, cujos companheiros são os animais dos canais e dos pântanos, e a sua preocupação com a sorte que os espera no Ocidente, com a margem dos mortos.

Terminadas as sementeiras, estamos em pleno Inverno. A temperatura e o assoalhamento são ideais para permitir a lenta maturação das sementes e um bom crescimento das espigas. A vigilância dos campos é objecto de cuidados quotidianos: manda-se as crianças espantar os pássaros que se abatem como enxames sobre a vegetação que está a nascer, restauram-se os diques de terra destruídos pela cheia, limpam-se e arranjam-se os regos de água em função das necessidades novas do ano.

Ceifas e colheitas

O calor regressa em Março. Em meados deste mês começa a estação *shemu*, «a abrasadora, a seca», que terminará com a inundação em meados de Julho. É o tempo da ceifa, que se inicia com a colheita do linho. Este é recolhido quando está ainda em flor, para produzir um tecido macio e suave. O linho é uma matéria-prima muito apreciada pelos Egípcios: com ele faz-se vestuário para os vivos, mortalhas para os mortos, redes de caça e pesca, cordames e fabricam-se produtos medicinais a partir do óleo que dele se extrai. É com gestos seguros e rápidos que se arrancam os caules, sob a vigilância dos escribas da propriedade, que registam o rendimento e avaliam a colheita. O trabalho avança depressa, cadenciado pela música de um tocador de flauta que os encoraja com o seu instrumento ou com a voz. O refrão é repetido em coro pelos trabalhadores: «Bela é a aurora que aparece na terra, uma brisa fresca levanta-se do Norte, o céu adequa-se aos nossos votos, com ânimo firme trabalhemos!» Ali perto, sentados à sombra, um grupo de homens mais velhos e algumas mulheres encarrega-se da debulha.

Depois do linho, ceifam-se os cereais: cevada e espelta para a cerveja e trigo para o pão; estes dois produtos constituem a base da alimentação dos Egípcios. «Digo-vos, camaradas, a cevada está madura e aquele que a ceifar bem o fará», diz um contramestre olhando para um molho de cevada fresca. Para ceifar, os homens agarram um molho de espigas e cortam-nas com um golpe de foicinho, deixando uma boa altura de restolho que servirá de pasto para o gado após a colheita. Também aqui o trabalho se faz em coro: um dos ceifeiros, conhecido pela sua bela voz, põe o foicinho debaixo do braço e começa a cantar batendo as palmas enquanto um flautista lhe dá o tom. À medida que avançam no campo, os homens deixam no chão os molhos cortados, remetendo para os respigadores a tarefa de os empilhar. O trabalho é fatigante e dá sede: «Cerveja para quem corta a cevada!», pede um deles. Entre os ceifeiros circula então uma rodada geral de cerveja, conservada num cântaro de forma pontiaguda. Por vezes come-se um mata-bicho, constituído por alimentos guardados em cestos à sombra. Uma certa competição anima os ceifeiros do mesmo campo. O primeiro a terminar o seu sulco não deixa de se vangloriar das suas qualidades: «um rapaz que trabalha depressa, sou eu! Quem trabalha enquanto fala? Sou eu! Quem tem o peito bronzeado e as mãos calejadas? Sou eu! Vós sois uns preguiçosos!»

As espigas cortadas são apanhadas pelos respigadores, geralmente mulheres e crianças, que as juntam em molhos e as empilham na extremidade do campo em grandes redes de transporte. É então que chegam os burros em trote rápido, guiados pelos seus donos, que correm atrás deles de vara na mão. Num instante, a área enche-se de poeira, gritos e confusão. Os burros teimosos param à vista de um fardo e recusam avançar. Chovem os golpes de vara; vários homens imobilizam o animal e carregam-no com um par de redes completamente cheias. Por fim, o comboio pode partir para a zona da debulha, situada perto da aldeia. Actualmente, ainda se vê no campo egípcio zonas de debulha em actividade: trata-se de superfícies de terra, mais ou menos circulares, sobre as quais se espalham as espigas para serem pisadas por burros ou bois que andam sempre à volta incitados pelos camponeses. «Bato-te se te afastares!», lê-se muitas vezes nas legendas da cena de debulha, que mostra regularmente burros a andar em sentido inverso ou que preferem comer as espigas frescas em vez de as pisarem.

Depois é preciso separar o grão da gluma e das impurezas. O joeiramento é tarefa das mulheres, que se reconhecem pelo lenço que usam na cabeça para se protegerem da poeira. Executam este trabalho nos dias mais ventosos, contando com esta ventilação natural para levar a gluma quando atiram o grão ao ar. Um último joeiramento geral conclui a limpeza e permite que os camponeses apresentem solenemente uma medida de grão novo ao patrão da propriedade, que aprecia a sua qualidade.

Por fim, pode-se enceleirar: os alqueires de grãos são transportados para os celeiros, sob o controlo rigoroso dos escribas da administração dos celeiros, que registam a colheita e calculam o imposto que a propriedade deverá pagar ao Estado. Muitos modelos reduzidos de celeiros, que datam do Império Médio, revelam a tipologia destas construções: os celeiros apresentam uma forma cónica e são construídos em terracota coberta de gesso. Têm uma altura aproximada de 5 metros com um diâmetro de cerca de 2 metros e são alinhados em uma ou duas fileiras num pátio fechado. Uma abertura no alto, à qual se acede por uma escada, permite armazenar a colheita, enquanto uma janela baixa serve para retirar o grão em função das necessidades. O escriba que contabiliza o grão posiciona-se num terraço perto da abertura alta do celeiro, para se certificar de que não falha nenhuma passagem dos sacos que aí são depositados.

Desde meados do III milénio que se explora a terra entre o fim da ceifa dos cereais em Abril e o regresso da cheia em Julho. Este período de tempo era suficiente para pensar noutras culturas, particularmente na dos legumes e leguminosas, que tinham a vantagem de enriquecer a terra em azoto. Feijões, favas, lentilhas, grão-de-bico, alho, cebolas e alhos-porros são então plantados, regados e recolhidos em três meses.

Hortas, pomares e vinhas

Em redor das quintas e das casas, as hortas e os pomares embelezavam o ambiente pela sua sombra e frescura. Exigindo um trabalho menos pesado, forneciam grande variedade de culturas hortícolas e frutícolas que, associadas às vinhas, permitiam melhorar a ementa quotidiana. Metchen, alto funcionário da administração territorial de várias províncias do Delta no início da IV dinastia (c. 2600 a.C.), parece ter adquirido o usufruto de uma bela propriedade que ele descreve assim: «uma propriedade com 200 côvados de comprimento (cerca de 105 metros), 200 côvados de largura, rodeada de muros, irrigada, plantada com belas árvores [...] com uma grande lagoa, plantada com figueiras e vinhas. [...] Produz-se aí vinho em grande quantidade.» A manutenção dessas hortas é um trabalho minucioso: o hortelão rega regularmente à mão cada espécie de legumes, que ocupa um ou vários canteiros delimitados por um dique de terra. Graças aos seus cuidados, durante todo o ano há nestas hortas pepinos, melões, ervilhas, couves, rábanos, coentros, cominhos, salsa e também alfaces, às quais se atribui propriedades afrodisíacas.

Apreciadores de flores, os Egípcios plantavam-nas nos seus jardins ao longo das platibandas das hortas e ofereciam belos arranjos florais, tanto aos vivos como aos mortos. A presença de um ramo de flores é quase sistemática nas mesas de oferendas consagradas aos defuntos. Não se concebe a vida, tanto aqui como no Além, sem o doce perfume ou a cor invulgar dos acianos, papoilas, crisântemos, lírios, malvas, mandrágoras, esporas-dos-jardins, nenúfares ou jasmins.

Os pomares abrigavam árvores, muito raras e preciosas neste país queimado pelo Sol. Os Egípcios adoravam as suas árvores, que associavam a certas divindades: por exemplo, Hathor, deusa do amor e da música, é conhecida por «senhora do sicómoro», certamente em referência aos benefícios retirados desta árvore. São plantadas à beira das áleas dos jardins ou reunidas em pomares cercados por muros de terra. Entre os sicómoros crescem também palmeiras-tamareiras, palmeiras mediterrânicas, romãzeiras e figueiras. As palmeiras dão belos cachos de tâmaras que as crianças, auxiliadas por macacos, colhem no Inverno, trepando ao topo das árvores para cortar os seus cachos maduros. Na fronteira entre os campos e os desertos crescem algumas espécies silvestres. Era o local de eleição das acácias, mimosas, tamarizes e salgueiros egípcios.

Para além das grandes vinhas do país que forneciam as melhores lavras nacionais provenientes do Delta e dos oásis do deserto líbio como Dakhla e Kharga, cada jardim possui a sua vinha. Aprecia-se tanto o seu fruto, uma uva moscatel preta azulada muito doce, como o seu vinho, bebido em festas e banquetes. Algumas cenas de mastabas mostram-nos as parreiras: podemos ver que as videiras têm os seus longos ramos dispostos em latadas sobre estacas bifurcadas entre as quais passam os vindimadores para colher os cachos maduros. Também aqui o calendário imposto pelo rio é de grande ajuda para os camponeses. Com efeito, é necessário vindimar em Agosto-Setembro, durante as semanas em que a inundação atinge o seu nível mais alto e que torna impossível qualquer actividade nos campos. A colheita dos cachos de uvas é delicada: são depostos um a um num cesto de verga, que depois é transportado para o lagar. Aqui, depositam-se as uvas numa grande cuba de pedra, em cima da qual há uma vigota de onde pendem cinco ou seis cabos. Quando a cuba está cheia, os vinhateiros entram nela e, agarrando-se às cordas, começam a pisar fortemente a uva. Um músico, flautista ou tocador de castanholas, marca a cadência deste trabalho que é considerado duro por causa do cheiro libertado pelo mosto. Depois de a pisa ter retirado todo o sumo à uva, deixa-se macerar o conteúdo da cuba durante alguns dias e o açúcar da uva não tarda a transformar-se em álcool. Em seguida, este produto é vertido para jarras através de uns furos que se encontram no fundo da cuba. Colocam-se as peles e os caroços das uvas em grandes sacos que depois são espremidos, rodando os paus enfiados em cada extremidade do saco: esta operação de prensagem permite aproveitar mais algum do líquido precioso. O vinho é depois filtrado através de um tecido fino e envelhecido em jarros tapados com uma rolha de argila. A legenda de uma cena que ilustra a colocação do vinho em jarros é eloquente: «Está completamente cheio! Está bem o que haveis feito!» A fermentação pode levar anos e passa-se sempre sob a vigilância dos vinhateiros que lhe prestam uma atenção extrema.

A criação de animais

Desde muito cedo que a criação de animais desempenhou um papel importante na economia egípcia: via-se nela, evidentemente, um excelente meio de fornecimento de carne, leite e peles, mas também se apreciava a criação de animais de tiro para os trabalhos dos campos. O rendimento da agricultura crescia ao mesmo tempo que se multiplicavam os rebanhos e as manadas.

Durante o III milénio, os Egípcios tentaram domesticar os animais selvagens do deserto e dos pântanos: nesse tempo, coabitavam nas pastagens, com maior ou menor sucesso, espécies facilmente domesticáveis, como o boi ou o burro, com os antílopes, as gazelas, os íbex, as hienas, as garças-reais e os grous capturados nos seus *habitats* naturais. Alguns destes animais são ferozes: para alimentar as hienas, são necessários vários criadores para as agarrar e imobilizar; uma vez acabada a engorda, o bico dos grous tem de ser preso ao pescoço. Todas estas tentativas de domesticação foram pouco frutíferas e progressivamente abandonadas no final do III milénio. Os Egípcios dedicaram-se então exclusivamente à criação de bovinos e ovinos: as representações de gado mostram essencialmente bois, vacas, burros, ovelhas, cabras, carneiros e alguns raros porcos. O cavalo só chegará ao Egipto por volta de 1600 a.C., após a invasão dos Hicsos.

As áreas de pastagem eram os pântanos e os charcos, perto do rio ou dos canais, ou ainda no Delta. As ervas que crescem abundantemente nestas zonas fornecem uma forragem apreciável. Era onde viviam vaqueiros, pastores e gado. Tal como os camponeses, trabalhavam para grandes propriedades que, por sua vez, prestavam contas ao governo do faraó sobre o estado dos seus rebanhos e manadas. O grupo social dos vaqueiros distingue-se claramente pela sua marginalidade: habitante dos pântanos, está mais familiarizado com este mundo aquático do que com o meio humano. Levando uma vida seminómada, o vaqueiro anda de uma pastagem para outra com a sua esteira enrolada aos ombros para nela se deitar à noite, na companhia do seu cão. Por vezes abriga-se numa choça de junco para comer uma bucha ou assar uma galinha na fogueira. Nos baixos-relevos das mastabas, ele é facilmente reconhecível pela sua cabeça descoberta ou careca e com as faces mal escanhoadas. Caminhando a maioria das vezes pela água, ao lado dos seus animais, anda nu, levando aos ombros a sua tanga, a esteira, a comida, alguns utensílios de cozinha e um bordão. Para combater a solidão, fala com os seus animais e dá-lhes nomes afectuosos: «Ei, Tesouro, come o pão», diz o vaqueiro ao seu boi fazendo-lhe festas. Conhece também os bons sítios onde o prado é húmido e a erva alta; é para aí que conduz a sua manada, levando nos braços os vitelos demasiado pequenos para andarem na água profunda do canal. A passagem a vau é sempre perigosa: os crocodilos vigiam a chegada dos animais, prontos a devorar os mais jovens.

O vaqueiro atarefa-se eficientemente durante a cobrição e o parto do pequeno vitelo. Escolhe o melhor touro para a reprodução e depois assiste o parto da vaca com mão experiente. Vendo que um touro se aproxima um pouco demasiado da sua vaca, um deles exclama: «Ei, guardador, não deixes esse touro montá-la!» Noutra cena em que a vaca se contorce em todas as direcções, com os olhos inchados, a língua de fora, pronta a parir, lê-se: «Puxa com força, guardador! Ela está a sofrer!» A ordenha das vacas faz parte da actividade quotidiana dos pastores: para trabalharem à vontade, prendem-lhes as patas traseiras e sentam-se debaixo da sua barriga, fazendo jorrar um leite abundante que é recolhido num cântaro. As bostas de vaca eram recuperadas pelas crianças das aldeias das redondezas. Guardavam-nas em cestos, que transportavam à cabeça, e levavam-nas às suas mães, que as punham a secar ao sol, obtendo assim um combustível excelente para as necessidades do lar.

O recenseamento das manadas e o açougue

A liberdade aparente dos pastores e dos vaqueiros tem limites. De dois em dois anos no Império Antigo, e depois todos os anos no final da VI dinastia, c. 2200 a.C., têm de se sujeitar à penosa cerimónia do recenseamento da manada e do rebanho, organizada pela administração que gere a propriedade a que pertence esse gado. O senhor e dono assiste pessoalmente à cerimónia, na qual participam todos os escribas da propriedade, os contramestres e outros intendentes encarregados de fazer as contas. É altura de verificar o número de cabeças de cada espécie, registar os nascimentos e dar os elogios ou castigos que se impõem em função dos resultados. Sob o olhar do patrão desfilam todas as manadas e rebanhos da propriedade. Regista-se o número de animais examinados: no túmulo de Rakhaef-ankh (V dinastia, c. 2500 a.C.), em Guiza, o proprietário registou 834 cabeças de bois de cornos compridos, 220 cabeças de bovinos sem cornos, 2234 cabras, 760 burros e 974 ovinos. O registo é efectuado por escribas sentados de pernas cruzadas perto de uma mesinha onde se encontra o seu material. Um a um, cada administrador de uma parte da propriedade é conduzido à secretária sob forte escolta: deve anunciar o seu número e sofrer a bastonada se este for considerado insuficiente. A mesma fiscalização actua na altura das contas das colheitas ou do recenseamento dos rebanhos. Armados com varas, os fiscais castigam os maus pagadores e perseguem os que cometem fraudes. A sua corporação ganha terreno no Império Médio: encontramo-los a policiar e a fazer segurança durante as expedições mineiras.

Depois de contado, o gado é dividido em dois grupos: uma parte regressa à pastagem e a outra é conduzida ao matadouro. Por vezes, quando chega à entrada do matadouro, o animal imobiliza-se e fica pregado ao solo. «Puxa com força! Puxa-a! Agarra-a bem!», grita o condutor aos seus assistentes. No matadouro, sob o olhar conhecedor de um veterinário e de um cortejo de sacerdotes que vão recolher parte da carne para as oferendas fúnebres, as patas do animal são atadas, é voltado de costas e depois degolado antes de ser esquartejado. Quando se trata de um boi ou de um touro, o animal parece enorme face ao seu açougueiro. Ritualmente, o esquartejamento começa pela ablação de uma pata traseira e depois de uma pata dianteira, seguida da extracção do coração e dos outros órgãos. Os açougueiros trabalham em equipas de dois e são ajudados por numerosos ajudantes que seguram os membros a cortar, recolhem o sangue da vítima e transportam os pedaços da carne cortados. O director dos carniceiros diz-lhes: «Apressai-vos, camaradas! A cerimónia já começou. Levai estes pedaços cortados. Hoje, a mesa é como uma bela festa. A carne é boa, muito boa. Despachai-vos, camaradas! Levai estas costelas de boi para a mesa antes que chegue o mestre de cerimónias! Há aqui um quarto de costelas para levar. Despacha-te!»

A capoeira

Os gansos e os patos são as principais aves criadas em capoeira. Durante as caçadas, a captura de aves de rio nos pântanos é tão frutuosa que parece inútil encher as quintas com aves que se obtêm sem esforço. A galinha só aparece em meados do século XV: Tutmósis III maravilha-se com este animal que põe um ovo por dia! Nas grandes quintas do Império Antigo, havia construções consagradas à avicultura, com uma tina de água ao centro e regos. Em geral, os animais eram criados ao ar livre e gozavam de certa liberdade. Mas a engorda podia ser feita por rapazes fortes que agarravam com firmeza os animais para os alimentar à força. Após esta refeição forçada, as aves podiam desentorpecer as patas pelas redondezas. «Passeio dos patos e dos gansos brancos após a refeição», podemos ler sobre uma cena numa parede da mastaba de Ti (c. 2400 a.C.). O passeio é curto: pouco tempo depois, as aves são fechadas numa cabana com uma rede de arame.

A apicultura

A criação de abelhas ocupa poucas cenas nos túmulos do Egipto antigo, mas a referência ao mel e a presença da abelha na escrita hieroglífica são tão comuns que se pode concluir que existiu uma apicultura bem organizada desde o Império Antigo, como aliás o testemunha um relevo do templo solar do rei Niuserré (2420-2396) em Abusir. Privilégio das refeições reais desta época, no Império Médio o uso do mel generalizou-se na pastelaria, perfumaria e farmacopeia. Em túmulos privados da XI dinastia (c. 2000 a.C.), no sítio de Guebelein, o egiptólogo francês Maspero descobriu potes e favos de mel. As colmeias eram constituídas por cilindros de cerâmica dispostos horizontalmente uns em cima de outros. No fim do Outono fazia-se a recolha: enfumava-se a colmeia para retirar o favo de mel. Os apicultores punham depois o mel em grandes jarros esféricos que eram selados hermeticamente.

Na mitologia egípcia, os homens, os animais e os vegetais tinham sido gerados pelo mesmo acto criador do demiurgo e estavam naturalmente destinados a participar pacificamente, em harmonia, na boa evolução do país. Para os Egípcios, todo este mundo vivo era animado pela mesma preocupação de se respeitar a *Maât*, a ordem e o equilíbrio cósmico instituídos pelo Criador. Desde o princípio da História que se estabeleceu espontaneamente uma boa relação entre os homens e os seus animais, enquanto os sistemas teológicos atribuíam aos deuses numerosas formas animais. Ainda hoje esta simbiose física entre o rio, o homem e o animal constitui uma das características mais marcadas da civilização egípcia.

A Pesca e a Caça

Uma das principais componentes da paisagem egípcia antiga, que perdemos de vista na nossa visão moderna do país, é a zona frondosa, densa e luxuriante dos matagais de papiros. A par dos campos e hortas destinados a uma exploração agrícola sistemática, subsistiam braços de rio mortos e, sobretudo, vastas superfícies de pântanos onde a água estagnada favorecia um crescimento luxuriante de papiros e juncos. Estas zonas pantanosas baixas, a que os textos hieroglíficos chamam «terrenos baixos», situam-se geralmente no Delta, mas também são mencionadas em vários sítios nas províncias do vale. Era uma reserva ideal para a caça de aves de rio e para a pesca, mas constituía também o refúgio dos hipopótamos e dos crocodilos, que se deviam evitar, ou melhor, caçar, quando se fazia um passeio por estes territórios.

Um dos momentos preferidos dos Egípcios era quando, de tempos a tempos, passavam o dia nos pântanos a pescar e a caçar na companhia da família e amigos. A melhor estação era no fim da cheia, quando as aves migratórias se preparavam para partir. Apesar da ameaça dos hipopótamos e dos crocodilos, tratava-se de um lugar encantador: os Egípcios gostavam de deslizar silenciosamente pelos pântanos nas canoas ligeiras, entre os papiros de umbelas graciosas e as flores de nenúfar de perfume doce, respirar o ar fresco, admirar a luz do sol em todas as horas do dia, deixar as crianças banharem-se quando fazia calor, capturar uma boa presa ou simplesmente maravilhar-se com o alarido e a animação ocasionada por toda a fauna que vivia nesta selva aquática. Rãs, gafanhotos, borboletas e libélulas, martins--pescadores voando em bandos, íbis, garças-reais, poupas, pombos, passarinhos subindo para os seus ninhos, doninhas trepando um caule de papiro, icnêumones – todos estão representados nesta paisagem pantanosa, particularmente bem ilustrada pelas cenas das mastabas do Império Antigo. Se os Egípcios desejavam efectivamente levar para o Além as imagens da sua felicidade terrena, o número impressionante de quadros que representam as actividades nos pântanos e que estão gravadas nos seus túmulos indica que se trata realmente de um episódio favorito da vida terrestre.

A caça

Aparentemente, a caça com bumerangue e a pesca com arpão são privilégios reservados aos nobres: família real, cortesãos e personalidades importantes da administração. Estas caçadas ou pescarias são apresentadas como a ocasião para um divertimento desportivo durante o qual se exibe a destreza da classe dirigente. De pé na sua canoa feita de caules de papiro ligados entre si, o senhor exibe a sua habilidade à mulher e aos filhos, afectuosamente sentados a seus pés e entretidos a colher flores de nenúfares ou a apanhar os pássaros que ele caçou. Com um movimento firme, ele lança o bumerangue aos pássaros e recupera a sua arma após ter abatido de passagem duas ou três aves infelizes. Um texto religioso do Império Médio exalta as proezas do bumerangue: «Tu colhes os lótus e as flores; e as aves de rio vêm a ti. Lanças o teu bumerangue contra elas, que se abatem aos milhares sob o seu silvo.» Lê-se em seguida uma lista de aves apanhadas desta forma: patos, grous, narcejas, gansos, tarambolas, codornizes, etc.

A caça com bumerangue, tão gabada pelo seu herói, não era, porém, muito proveitosa. Para aumentar o rendimento, os caçadores de pássaros criaram uma armadilha mais eficaz, que era manejada por uma equipa de cinco ou seis homens dirigida por um chefe. Os homens escolhem um terreno plano com um charco ao meio e estendem de uma ponta à outra do plano de água uma rede com duas partes rebaixadas controladas por um cabo comprido. Grãos de trigo e pequenos vermes servem de isco e alguns pássaros adestrados, cúmplices dos caçadores, são deixados perto do charco. O sítio parece paradisíaco, há bebida e comida, e depressa começam a chegar os pássaros, que ignoram a armadilha que lhes foi preparada. Não há ninguém à vista, os caçadores estão escondidos atrás de uma moita perto do charco. Para se movimentarem mais à vontade, despiram as suas tangas, que vemos enroladas em cima de uma esteira perto da cena. O chefe tem dificuldade em conseguir que se faça silêncio: «Há um monte de pássaros ao alcance da tua mão, caçador, se te calares», podemos ler sobre uma cena de caça com rede. O chefe tem uma faixa na mão e, quando considera que já há pássaros suficientes no charco, agita-a. É o sinal: os caçadores de pássaros puxam rapidamente o cabo e fazem cair a rede sobre as presas: «Puxa, camarada, há muitos pássaros para ti!» A cena seguinte mostra os caçadores de pássaros a levantarem-se, pois a violência do esforço atirou-os ao chão. Têm de retirar rapidamente da rede os pássaros atordoados pelo choque: começam por aqueles que ainda têm força para fugir e depois retiram os que estão presos nas malhas da rede. Para imobilizar os pássaros, prendem-lhes as asas e colocam-nos no chão. Entretanto, dois caçadores dobram a rede e põem as aves em gaiolas. «A gaiola está cheia», diz, satisfeito, um dos homens perante uma gaiola repleta. As caçadas com rede são sempre muito divertidas e animadas; sente-se que os jovens apreciam a proeza desportiva e o trabalho de equipa bem coordenado.

As crianças não iam sozinhas para os pântanos, pois havia demasiados animais perigosos nestas zonas. Tinham de se contentar com a caça miúda dos campos para levarem para casa alguma comida que acompanhasse o pão quotidiano. Em grupos, montavam armadilhas para capturar corvos, codornizes, pombos, andorinhas, poupas e verdelhões atraídos pelas espigas maduras, para grande prejuízo dos cultivadores. A armadilha, atestada em Beni Hassan num túmulo do Império Médio, é simples mas tem um processo mecânico funcional: trata-se de uma rede pequena esticada numa moldura de madeira flexível activada por uma mola. Coloca-se nela um verme e, quando o pássaro se aproxima, o movimento das suas asas faz vibrar uma corda que liberta a mola e faz com que a rede caia sobre a presa. Basta apanhar o pássaro, voltar a montar a armadilha e esperar pela próxima vítima. O jovem caçador de pássaros fica perto da sua armadilha, escondido entre as espigas. Ele próprio faz de chamariz, imitando o som do pássaro com a sua boca.

Peixe para todos os gostos

Os territórios de pesca eram numerosos no Egipto antigo. Além dos pântanos e charcos, particularmente ricos em peixe, podia-se pescar no próprio Nilo, nos canais e talvez também na costa mediterrânica ou na do mar Vermelho, mas no tempo das pirâmides não há referência a tal actividade nesta zona. As frágeis embarcações não estavam concebidas para águas tão profundas nem para correntes tão fortes.

Tal como a caça, a pesca era ocasião para um passeio campestre e familiar para os nobres e um trabalho a tempo inteiro para os pescadores profissionais. Podia ser praticada durante todo o ano nas zonas pantanosas ou no Nilo e quase todas as espécies de peixes eram comestíveis. Nos baixos-relevos de Ti (c. 2400 a.C.), podemos reconhecer o sargo, a perca, a enguia, a carpa, a tenca, crómidas, diferentes variedades de mormiros, siluros e o tetrodão do Nilo. Um zoologista francês distinguiu pelo menos vinte e quatro espécies ainda hoje conhecidas.

O peixe era uma iguaria muito apreciada pelos Egípcios, que o consumiam muito mais do que a carne e o comiam fresco, seco ou salgado. Ainda hoje se pelam por um prato de peixe salgado mais ou menos decomposto, que remonta à época faraónica. Quanto à butarga, espécie de caviar feito à base de ovas de sargos esmagadas, secas e salgadas, vemos em alguns relevos de mastabas que era fabricada nos próprios locais de pesca. Um tabu de ordem religiosa proibia, porém, que o pessoal dos templos consumisse peixe e aconselhava as pessoas comuns a absterem-se de o comer antes de entrar num santuário. Com efeito, considerava-se que qualquer espécie de peixe, tal como qualquer animal, era o avatar de uma divindade conhecida do panteão egípcio que podia a qualquer momento revelar-se sob outra forma e exprimir a sua cólera. Mas estas considerações apenas diziam respeito, de facto, a uma ínfima parte da população, que se regalava com o peixe que os deuses haviam feito por bem nascer nas suas águas.

Tal como os camponeses ou os caçadores de pássaros, os pescadores fazem parte do pessoal permanente afecto a uma grande propriedade dirigida por uma pessoa importante, escolhida na família real ou entre os notáveis locais pelo governo do faraó para gerir a sua economia. Tal como aqueles, são pessoas humildes que trabalham em equipas e recebem como salário uma parte do produto da sua pesca. Nada distingue o pescador: como o vaqueiro, anda nu, trazendo a sua tanga enrolada aos ombros.

A pesca

As técnicas para apanhar peixe desenvolvem-se muito cedo. Não há dúvida de que algumas delas eram já conhecidas desde a pré--história e pouco variaram com o tempo. A pesca com rede de arrasto é a mais frutuosa: longe da margem, duas equipas em dois barcos arrastam uma grande rede, que está presa por um cabo à borda de cada embarcação. Numa das paredes da mastaba de Ti, a rede de arrasto parece ter mais de 10 metros de comprimento. Chegados a águas profundas, os homens largam a rede, que se afunda verticalmente graças aos pesos atados na outra extremidade. Remando em silêncio, vigiam a chegada dos peixes e o enchimento da rede. Quando a consideram suficientemente cheia, puxam os cabos e levam--na para a margem para «espumar o rio», como dizem as inscrições. Uma vez em terra, as duas equipas tentam içar a rede, cheia de peixes, ervas e água. Não é uma tarefa fácil, ainda que o chefe dos pescadores os encoraje com a voz e coordene as operações: «Puxem bem, é um bom dia! Vejam, vejam, os peixes são magníficos!», ou ainda, «Tal pescador, tal rede!» Por vezes a carga é tão pesada que é necessário pôr correias aos ombros para puxar, mas a correia fere a carne e a dor lê-se nos rostos.

A pesca à nassa é praticada correntemente. Exige menos esforço, mas o seu rendimento é inferior. Tem a vantagem de poder dispensar o barco: basta saber nadar. Feita de vime, a nassa apresenta-se como uma grande garrafa com uma abertura em forma de gargalo. É um princípio semelhante ao da rede lagosteira dos pescadores actuais. No lado do gargalo, põe-se uma tampa ou um nó corredio, enquanto a outra extremidade tem uma rede constituída por uma cortina de caules flexíveis que deixa passar os peixes e depois fecha-se. Os pescadores colocam iscos na armadilha e depositam-na na água após tê-la munido de uma bóia que lhes servirá de ponto de referência quando a forem recuperar. A nassa é apanhada em equipas de dois, que esperam encontrá-la tão cheia que só um homem não conseguiria transportá-la. Mas o diálogo pode azedar entre os dois parceiros: «Agarra bem a nassa, camarada, senão o teu quinhão irá para a barriga de outro! – És tu quem me vai ensinar, seu ladrão? Conheço o meu trabalho melhor do que tu!» Por vezes a deposição das nassas faz-se em águas profundas e de barco: «Rema com força para chegarmos acima deles!» E é a expressão de satisfação: «Cheio até cima! Desta vez, conseguimos!» Felizes, os pescadores esvaziam o conteúdo do cesto directamente no chão do barco e voltam logo a mergulhar a nassa. Um deles reparou que, entre o pescado, havia um temível siluro, que tem uma espinha dorsal venenosa, e retira-lha imediatamente.

A pesca com camaroeiro e a pesca à linha são praticadas solitariamente. Em geral representadas juntas, estas duas formas de pesca surgem como passatempo dos homens dos pântanos. Não longe deles, os seus companheiros atarefam-se na colheita de papiros e juncos e no fabrico de esteiras e barcas. O camaroeiro utilizado assemelha-se ao que ainda se vê hoje em dia; é composto por uma moldura triangular de madeira à qual está ligada uma rede comprida. O pescador utiliza uma pequena embarcação de papiro ou então fica na margem, à sombra de uma árvore. É necessário silêncio e paciência, tal como na pesca à linha. Nesta, o pescador, sentado numa canoa, mergulha na água uma linha com um anzol e isco. Sabe que pode ter de esperar muito tempo, por isso tem o cuidado de levar a sua refeição, que está num cesto ao seu lado: o mata-bicho é composto por um pão recheado, um bolo folhado e um cântaro de cerveja. Quando sente que apanhou alguma coisa, puxa a linha e mata o peixe com um golpe rápido de macete.

Após a pesca, os homens ocupavam-se com o tratamento do peixe. Conforme a distância entre os locais de pesca e a propriedade, o peixe era tratado logo no barco ou então quando chegavam a terra. A maior parte do pescado não se destinava ao consumo imediato, pois o peixe tinha de ser rapidamente aberto, limpo e posto a secar antes de ser guardado, já endurecido, em caixas bem arejadas.

Um dos prazeres das pescarias é o momento do regresso, ao anoitecer. À agitação alegre dos pássaros juntam-se os gritos dos marinheiros que expressam a sua satisfação por um dia bem preenchido. Já não faz calor, o vento refresca o ambiente e o bom humor invade os espíritos dos homens. Nos canais, as barcas perseguem-se, cruzam-se e tocam-se. Os homens falam de uma embarcação para a outra, tentam apoderar-se dos peixes das barcas vizinhas e esta rapina desencadeia a luta. Os homens levantam-se e tentam, a golpes de pau, atirar-se à água ou desequilibrar a barca adversária. Os comentários irrompem: «Vinga-te dele! Prega-lhe uma rasteira». Em geral, segue-se um banho colectivo, pondo fim a um jogo quase ritual que vai concluir uma boa pescaria.

A caça ao hipopótamo

Já dissemos que a grande ameaça que pairava sobre as actividades nos pântanos provinha dos dois animais ferozes que neles habitavam: o crocodilo e o hipopótamo. Não há nenhuma cena de caça ao crocodilo, que, porém, está bastante representado nos relevos das mastabas. Vemo-lo, com ar guloso, prestes a devorar a cria de hipopótamo que sai das entranhas da mãe, ou coabitando nas águas dos canais com a fauna que ele devora. No panteão egípcio, o crocodilo chama-se *Sobek* e surge como o senhor incontestado do mundo aquático. Temendo o deus e receando o animal, os homens afastam-se dele, mas não o matam. O mesmo não se passa com o hipopótamo, animal perigoso, assimilado às forças negativas do mundo e devotado a Set, o deus do Mal. A morte do hipopótamo tinha origem no ritual mágico celebrado pelos primeiros reis do Egipto que, ao arpoarem o monstro, lembravam a vitória do bondoso Hórus sobre o seu irmão Set, o maléfico.

A caça ao hipopótamo está muitas vezes representada nas paredes das mastabas dos nobres. Prudente, o senhor assiste à captura do animal a partir da margem. Em pé nas suas barcas, os arpoadores avistam um grupo de hipopótamos, perseguem-no e tentam bloquear um deles numa moita de papiros mais densa. A arma é um arpão ligado a uma corda e munido de ganchos que se espetam na goela do animal, ferindo-o cruelmente, como farpas. Os homens apertam as cordas e quando consideram que o animal está já suficientemente ferido e enfraquecido, puxam-no para a margem. Uma vez içado para terra, o hipopótamo é morto e cerimoniosamente esquartejado.

O arpão pode também servir para uma pesca menos violenta, a dos peixes que se aproximam das barcas dos senhores que, nas suas saídas familiares, alternam a pesca ao arpão e a caça com bumerangue. As crianças vão na proa do barco e indicam ao pai os locais onde há peixe; o senhor levanta-se e arpoa vários peixes de um só golpe. Este golpe é tão bem executado que uma coluna de água jorra à frente do barco, tão alto quanto o pescador. Toda a família exulta e a esposa, emocionada, abraça a perna do seu herói.

Os trabalhos nos pântanos

Quando não se ocupam da pesca ou da caça, os homens dos pântanos exercem de forma extremamente útil a última actividade principal que se desenrolava na mata pantanosa: a colheita de papiros, nenúfares e canas. Com os papiros e as canas, podiam construir ou reparar as suas ferramentas de trabalho: com as suas mãos experientes, vemo-los a fabricar cordas, esteiras, cestos, cabanas ou até barcas ligeiras. Parte da colheita de papiros ia para a propriedade a fim de aí ser transformada em papel de escrever destinado aos trabalhos dos escribas. Outra parte era guardada para consumo alimentar imediato: com efeito, os Egípcios gostavam de mascar um pedaço de caule de papiro e sugar a sua seiva, à semelhança do que fazem actualmente os Egípcios do campo com os seus pedaços de cana-de-açúcar. O papiro é arrancado quando o caule atinge uma altura bastante superior à do homem. O trabalho não requer muito esforço, é quase uma distracção que dispensa bem a vigilância de um chefe. Aproveita-se para apanhar alguns nenúfares, muito apreciados pelo seu perfume e pelas suas belas pétalas brancas. Rapidamente, os caules são enfeixados e transportados para a oficina de fabrico. Mas os feixes são compridos e pesados, e os homens que os carregam às costas caminham com dificuldade, curvados para a frente. Um deles perde o equilíbrio e os seus camaradas ajudam-no: «Levanta-te! – Às tuas ordens!»

Uma vez postos em terra, os feixes de papiro são desatados e os caules tratados: a primeira operação consiste em extrair as fibras, que serão a matéria-prima dos objectos manufacturados. Tenta-se obter fibras de comprimento igual, que depois são limpas antes de serem confiadas a duas pessoas que com elas fazem uma trança. As tranças mais curtas serviam para fabricar cestos, esteiras ou assentos; as mais compridas estavam reservadas para os estaleiros navais, para a construção das barcas ligeiras, tão úteis aos trabalhos nos pântanos. As equipas instalavam-se num terreno plano e com sombra, perto dos canais que lhes permitiriam testar as suas embarcações. O casco, curvo, era feito de feixes de caules flexíveis aos quais se dava uma forma definitiva juntando-os a um chassis. Os caules, muito apertados e compactos, eram ligados entre si por travessas de madeira flexíveis e atados com cordas. Cada corda podia dar até três voltas ao casco, assegurando assim que nenhuma greta resistiria a tal tensão. Era um trabalho de grande destreza, ao qual assistiam as crianças, que por vezes davam uma ajuda: «Ei, miúdo, traz-nos cordas! – É para já, pai, toma esta corda!», diz um moço, muito impressionado com o barco que o seu pai está a construir. Não havia necessidade de um chefe para dirigir a construção das barcas de papiro, pois os homens conheciam e gostavam muito do seu trabalho. O espectáculo entretém: o patrão da propriedade não desdenha fazer uma visita ao estaleiro naval, enquanto os velhos operários, que já não têm força para puxar as cordas, conversam com as equipas e lhes dão alguns conselhos.

A caça no deserto

As alterações climáticas e ecológicas que o Egipto conheceu durante o III milénio modificaram consideravelmente as zonas de *habitat* da caça grossa e expulsaram os animais ditos selvagens para fora do vale, para as profundezas do deserto. É por isso que o território de caça se tornou a «terra vermelha», que no vocabulário hieroglífico designa o deserto, o mundo desabitado e funesto assombrado pelo deus Set, que traiu o irmão Hórus, primeiro rei mítico do Egipto. O ideograma do deserto representa três montanhas de areia separadas por dois desfiladeiros. Serve para determinar todas as noções geográficas hostis que lhe estão associadas: necrópole, deserto e países estrangeiros. A sua cor é o vermelho-ruivo, como a do cabelo dos inimigos ou de uma forma do deus Set.

Portanto, não era pelo prazer que o povo egípcio deixava a agradável margem do Nilo para se aventurar nestas regiões longínquas. Só a necessidade os levava para aí, quando era preciso arranjar caça para as grandes mesas do vale ou extrair pedras nas pedreiras. No entanto, por mais perigosa que fosse, a caça no deserto era também ocasião para dar mostras de coragem: o rei e os seus cortesãos aventuravam-se neste tipo de caça; chegou até a tornar-se um dos seus passatempos favoritos, um desporto de elite que seria contado pormenorizadamente nas paredes dos seus túmulos.

Graças a estas descrições pictóricas, é fácil reconstituir o cenário da caça no deserto. Num terreno arenoso e ondulado, onde surgem aqui e ali algumas moitas espinhosas e matagais, a fauna do deserto entrega-se pacificamente aos prazeres da vida: uma gazela amamenta a sua cria enquanto o jovem pai, cioso do seu conforto, escava um pequeno buraco na areia para nele pousar o queixo durante a sesta. A poucos metros dali, um gerbo entra na sua toca; uma lebre espreita por detrás de um arbusto enquanto o ouriço se passeia à procura de insectos. Noutro lado, lobos e panteras acasalam enquanto uma burra selvagem dá à luz uma cria, sob o olhar guloso de uma raposa branca. As gazelas saltam entre as dunas, deixando passar os bandos de avestruzes ou as hordas de búfalos. Uma girafa desloca-se lentamente, um gamo rápido passa-lhe entre as pernas. Ainda mais longe, um leão e um touro selvagem entregam-se a um combate sem tréguas, o leopardo foge.

Especialistas do deserto

Para irem ao encontro destas presas, príncipes e camponeses fazem-se acompanhar pelos *nuu*, caçadores especializados destas regiões. De origem semibeduína e vivendo na orla do vale, estes profissionais conhecem de cor as areias e os rochedos desérticos de onde desalojam sem medo qualquer ser vivo que aí se esconda. É aliás a eles que o Estado recorre quando é necessário proceder à prospecção de novas pedreiras ou dar caça ao homem para apanhar aqueles que escapam dos campos de trabalho do vale. Encarregados principalmente de dirigir a caça no deserto, passam o tempo a percorrer as pistas e a perseguir antílopes, órix, avestruzes, burros selvagens, gazelas, hienas, íbex, lobos, corços, cabritos-monteses, gamos e touros selvagens. Partem em expedição munidos de vários tipos de armas que utilizarão adequadamente em função do animal perseguido. Estas armas são o bastão comprido, o bumerangue, o laço e, evidentemente, o arco e a flecha. Mas o seu ajudante mais seguro e fiel é, sem qualquer dúvida, o lebréu, que se reconhece pelas suas patas altas, focinho alongado, orelhas direitas e a cauda enrolada. O par caçador-cão era tão unido que não é raro que, nas estelas funerárias destinadas a decorar os seus túmulos, os caçadores profissionais se tenham feito representar na companhia dos seus cães, cujos nomes estão gravados sob a sua imagem. A hiena domesticada também podia acompanhar as expedições ao deserto: abafando o cheiro dos homens com o seu odor forte e desagradável, a hiena escondia à presa a chegada dos caçadores, que podiam assim capturar os animais, já sem espaço para fugir. Terminada a caça, vemos o chefe do grupo a chegar ao vale trazendo pela trela os seus quatro cães e as suas duas hienas, seguidos sem entusiasmo por um cachorro e uma cria de hiena que fizeram a sua primeira aprendizagem como auxiliares de caça.

A caçada começa quando, depois de penetrarem profundamente no deserto, os homens largam os cães e as hienas. Esperam apanhar o maior número possível de presas vivas para as domesticarem. A melhor técnica é o laço, que prende os animais sem os ferir. Mas os cães vão à frente e atacam tudo o que conseguem apanhar: aqui, massacram alguns antílopes, ali, mordem as patas dos pequenos órix enquanto um cabrito-montês tropeça ao tentar fugir. Os homens seguem atrás e disparam as flechas sobre os animais que os lebréus não apanharam. Por vezes, para garantirem a captura de muitas presas, praticam a caça com rede. O princípio é mais ou menos o mesmo da rede destinada aos pássaros do rio: trata-se de atrair os animais para uma armadilha que parece um espaço agradável e sossegado. Escolhe-se um terreno ligeiramente baixo, que é cercado por uma rede contínua que só tem uma entrada possível. O sítio é atraente: no centro do recinto põe-se água e comida. A pouco e pouco, os animais entram, banqueteiam-se e deleitam-se em grande número neste espaço que tudo indica ser ideal. Quando o recinto está cheio de presas, os caçadores fecham rapidamente a entrada e largam os cães para que imobilizem os animais. Algumas flechas certeiras depressa travam a rebelião dos animais cativos. A poeira levanta-se, os animais feridos agonizam, os cães ladram, o barulho é ensurdecedor. A legenda de uma cena de caça com rede, pintada num túmulo de El-Bersheh (final do III milénio), é eloquente quanto ao resultado obtido: «O espectáculo da captura dos antílopes do deserto. Há muitos, imensos, principalmente dentro da rede.»

Os caçadores podem então regressar ao vale. O vizir Ptahhotep mandou gravar no seu túmulo o regresso dos caçadores com os seus troféus. O chefe encerra o desfile do grupo de caçadores: à sua frente vai um homem que transporta duas gaiolas dentro das quais se pode ver lebres e gerbos, outro leva uma gazela aos ombros, um terceiro carrega pequenos antílopes e os restos do piquenique do dia, constituído por pão e cerveja. Mas os troféus mais belos estão enjaulados: trata-se de um leão e de uma pantera, fechados em carros gradeados puxados por quatro homens que andam às arrecuas, com medo de afrouxar a vigilância. A jaula é de madeira e os animais capturados não precisarão de muito esforço para partir as grades.

Quando a caça é praticada como desporto de elite pela família real ou pelos cortesãos, trata-se mais de um divertimento corajoso do que uma forma de arranjar comida. Se é o próprio faraó que faz um safari, a tarefa é-lhe bastante facilitada. Quando chega com o seu séquito ao terreno de caça, a presa já foi batida até ao recinto. Os seus criados passam-lhe respeitosamente as flechas, que ele dispara habilmente sobre as suas vítimas, retesando fortemente o arco e causando a admiração dos companheiros, entre os quais se encontra o seu filho, o príncipe herdeiro. O exercício dura todo o dia e só regressam ao anoitecer. Por isso, prepara-se uma refeição: os homens encarregados da cantina levam regularmente comida e bebida aos caçadores e estão incumbidos de manter as provisões ao fresco, à sombra de uma árvore.

Ao longo dos tempos a caça foi sempre objecto de paixão, transcendendo largamente a necessidade de distracção ou de provisão alimentar. Por isso, este príncipe, administrador de uma província no Médio Egipto onde organizava frequentes batidas, confessa: «Saciei os lobos dos desertos e os abutres do céu com os despojos do que cacei no deserto.»

Em meados do II milénio, o cavalo é introduzido no Egipto, alterando consideravelmente os comportamentos cinegéticos. A partir de então, parte-se para a caça de carro ou persegue-se a presa a grande velocidade. As quintas do vale criam gado suficiente para suprir as necessidades alimentares da população e a captura de animais do deserto passa a ser apenas um passatempo de grande luxo, muito apreciado pelos soberanos.

Um Povo de Crentes

A imanência do divino no pensamento egípcio é um traço característico da civilização faraónica. Podemos, por exemplo, encontrar uma prova evidente deste facto nos repertórios de nomes próprios usados desde o alvor da História pelos habitantes do vale do Nilo, pacientemente recenseados pelos egiptólogos do século XX. Nesses livros, verifica-se uma maioria esmagadora de nomes teóforos, que colocam a criança nascida nas margens do Nilo sob a protecção de uma das divindades do panteão egípcio e que mostram os laços estreitos que uniam o mundo dos vivos ao seu imaginário religioso.

A evolução do pensamento religioso

A génese do mundo, a existência e a função dos deuses, a vida depois da morte, são questões misteriosas e universais a que os antigos Egípcios tentaram dar respostas. Não há dúvida de que é no domínio do pensamento religioso, das práticas dos cultos e das crenças que os egiptólogos compreendem melhor as evoluções e as mudanças profundas vividas pelo Egipto dos faraós no decurso de três milénios. Deuses desconhecidos ou menores no Império Antigo, como Osíris ou Amon, conhecerão um destino fulgurante em épocas posteriores e tornar-se-ão as figuras principais dos maiores templos nacionais. Uma concepção funerária tão poderosa como a do túmulo real em forma de pirâmide, que se ergue no horizonte plano do deserto com a sua massa imponente, desaparecerá para dar lugar aos hipogeus escondidos num valezinho secreto do Vale dos Reis, fazendo com que a barca do rei defunto deixe a companhia dos astros para a pôr a navegar no mundo subterrâneo. O culto dos animais, que tanto impressionou os viajantes gregos, só é mencionado nos textos e nos templos do III milénio; a classe sacerdotal, tão presente na sociedade egípcia na Época Baixa, nunca aparece no Império Antigo como categoria especializada distinta das outras. Poderíamos multiplicar até ao infinito os exemplos desta evolução, que, no século XIV, chegou a adquirir um aspecto revolucionário com a instituição do culto único do disco solar, imposto pelo faraó Amenófis IV-Akhenaton. A estas reformas históricas e cronológicas acrescenta-se outro factor, de ordem puramente documental, que dificulta a análise da abordagem religiosa dos Egípcios do tempo das pirâmides. As fontes contemporâneas relativas a este domínio são de uma rara pobreza: no que respeita ao Império Antigo, só a religião funerária relativa ao destino real é mais ou menos conhecida, graças aos textos que cobrem as câmaras das pirâmides a partir do final da V dinastia. A documentação desenvolve-se e diversifica-se um pouco no Império Médio e permite definir os cultos e as concepções dos Egípcios desta época. Mas, também aqui, trata-se mais de crenças funerárias e de práticas para o Além do que devoção no quotidiano em santuários consagrados a divindades próximas. A escassez de vestígios de templos divinos interdita praticamente qualquer reconstituição séria dos ritos que aí se deviam perpetuar todos os dias.

Deste modo, não é de admirar que os especialistas da religião egípcia tenham consagrado os seus trabalhos à análise dos monumentos e dos textos das épocas posteriores, tão ricos em informações preciosas sobre o ritual quotidiano e o culto dos animais. Relativamente ao período entre o Império Novo e a época romana, o arqueólogo dispõe de templos divinos ou funerários bem conservados, e o epigrafista pode colher em numerosas inscrições monumentais e papiros ilustrados a explicação do mundo segundo os hierogramatistas egípcios. Para compreender as festividades e as cerimónias que se desenrolavam num templo egípcio, o visitante não encontra melhor local do que o templo de Dendera, embora este tenha sido construído num Egipto dominado pelos Gregos e Romanos. Mas, levando em conta todas as transformações sofridas pelo pensamento e pelas concepções, o historiador do tempo das pirâmides não pode extrapolar as atitudes e as práticas mais antigas a partir das imagens religiosas do templo de Dendera, ornamentado quase 2500 anos após a época que lhe interessa.

Crenças imutáveis

Todavia, há constantes crenças duradouras que, nascidas no início do III milénio, percorrem os séculos e estão sempre na origem do comportamento dos Egípcios face aos seus deuses. A explicação do nascimento do mundo faz parte destas concepções eternas e é acompanhada por uma inquietação essencial e permanente: a do fim do mundo, ou, mais precisamente, do regresso ao caos inicial, ao estado que precedeu a criação do Universo.

No princípio era o *Nun*, imensidão líquida e fluida, oceano primordial e tenebroso de onde emergiu o monte inicial por vontade do demiurgo autógeno. Graças ao Criador «do primeiro tempo», a luz brotou, o mundo nasceu, trazendo consigo os homens, os vegetais, o rio, as estações e todos os milagres da natureza. Também criou os deuses, forças vitais disseminadas pelo país para garantir o seu bom desenvolvimento. Cada deus é uma emanação do demiurgo que se subdividiu, multiplicou, até produzir um panteão por vezes extravagante, polimorfo e complexo que faz parte do equilíbrio cósmico. Esta harmonia perfeita do mundo assim criada, onde tudo está no seu lugar, é definida pela noção de *Maât*, que designa simultaneamente os valores morais, as leis sociais e os factores físicos que dão a riqueza e a ordem ao país. *Maât* rege o universo, graças à obra quotidiana do Faraó, responsável pelos cultos e pelos rituais que afastam o risco do regresso ao caos. O receio de que o Universo seja novamente tragado pela imensidão fluida e inerte que o rodeia está no espírito dos Egípcios, pois a ameaça espreita a todo o momento: a noite é um momento dramático para o Sol, o dia é uma travessia infernal para a Lua e para as estrelas. Qualquer desenrolar feliz de um episódio da vida natural e física é sentido como uma vitória sobre as forças do caos, que só se podem repelir e nunca destruir. O papel dos ritos e dos rituais consiste em manter afastados os aspectos negativos e maléficos dos poderes superiores.

O papel do templo

O deus, emanação da energia divina primordial, adquire assim toda a sua importância na manutenção da ordem universal. Para o honrar e dar-lhe um enquadramento à altura do seu papel, constrói--se-lhe um templo, cujo material será a pedra, mais durável e propícia à decoração gravada do que o tijolo cru destinado às casas. Desde o alvor da História que cada localidade egípcia tem a sua divindade, dotada de um mito e liturgia específicos. À medida que o reino egípcio se unifica e se estabelecem contactos culturais e cultuais entre as diferentes províncias do país, a religião enriquece-se com o grande número de atitudes e crenças, sem que se exclua alguma delas. Esta diversidade de abordagens, que acumula causas aparentemente contraditórias para fenómenos permanentes, é outro dos princípios constantes do pensamento religioso dos Egípcios. Baseia-se na ideia de que um só aspecto não chega para explicar a natureza profunda do divino, que conserva um carácter único nos seus múltiplos actos e formas. Assim, as cosmogonias diferem de lugar para lugar, mas a sua reunião torna-as complementares. Segundo a doutrina de Mênfis, Ptah é o demiurgo. Ele é «a terra que se ergue», o Sol do primeiro dia, que dá forma à carne do faraó e o artesão de todas as matérias vivas. Em Heliópolis, é Ré-Atum-Khepri, o Sol de todas as horas, que está na origem da génese do mundo, que confiou aos seus filhos reunidos na *Enéade* heliopolitana. «Veio ao mundo no *Nun*, quando o céu ainda não existia, quando a terra ainda não existia, quando nada havia de concreto, nem sequer existia a desordem», podemos ler a propósito do deus solar numa passagem dos *Textos das Pirâmides*. Em Hermópolis, no Médio Egipto, os teólogos consideravam que o acto demiúrgico se devia a um grupo de quatro pares divinos chamado *Ogdóade*, que teria fecundado uma planta ou um ovo e dado origem à luz solar. Os Egípcios conciliavam estas concepções diversas e adoptaram outras ao longo dos séculos, até à época romana, sem tentarem resolver as suas características contraditórias.

O panteão egípcio adquiriu assim o seu carácter polimorfo, multiplicando os que o compunham e as suas divindades. Apartir do Império Antigo, surgem nomes de deuses tão prestigiosos como Hórus, Ísis, Osíris, Hathor e Min, cujos cultos foram certamente celebrados em capelas, hoje desaparecidas. No Delta e no vale do Nilo, descobrem-se aqui e ali vestígios de edifícios de culto consagrados a um ritual quotidiano acerca do qual já nada se conhece. No Alto Egipto, em Karnak e em toda a região tebana, os sítios arqueológicos revelaram alguns elementos desses templos do Império Médio, mas a maioria foi destruída pelos sucessores dos reinos seguintes e a pedra utilizada em construções posteriores. Após o Império Antigo, o serviço do deus exigia um pessoal especializado, que agia por delegação do rei, o único habilitado a prestar o culto. É por isso que nas cenas de oferendas dos templos o rei está sempre representado face aos deuses, segundo uma regra imutável de troca de serviços. O faraó, intermediário entre o mundo dos humanos e os deuses, dá a estes as oferendas necessárias ao seu sustento (pão, legumes, cerveja, vinho, leite, incenso, etc.). Em contrapartida, os deuses concedem ao rei, e por conseguinte ao seu país, a vida, a estabilidade, a força, a saúde e todas as qualidades necessárias para que o mundo egípcio continue o seu caminho. Para ilustrar este princípio, o auto de construção do templo de Heliópolis, consagrado ao deus Atum por Sesóstris I (XII dinastia), é exemplar: «[...] Vejam, a Minha Majestade pensa numa obra que será recordada no futuro como uma coisa excelente. Erigirei monumentos e construirei estelas por Horakhti, pois ele criou-me, para que eu faça o que ele fez, para que eu execute o que ele ordenou. [...] Quando eu chegar enquanto Hórus e ocupar o meu lugar e fizer as oferendas para os deuses, então executarei acções no domínio do meu pai Atum. Cuidarei para que ele fique rico, tal como ele cuidou para que eu me tornasse seu sucessor. Guarnecerei os seus altares na terra. [...] Os companheiros do rei falarão assim: "Ó governador, possam os teus planos ser assim quando o rei aparecer na altura da reunião das duas terras, quando se estender a corda de arpentagem no teu templo. [...] Tu serás grande quando ergueres o teu monumento em Heliópolis, a residência do rei, para o teu pai, o senhor do templo, para Atum." [...] O rei apareceu com o diadema de duas plumas, e todo o povo se pôs atrás dele. O sumo sacerdote-leitor e o escriba do livro do deus estenderam a corda de arpentagem e desataram o nó, e a base desta residência foi colocada [...]». A cerimónia de fundação deste templo, do qual nada resta hoje no sítio de Heliópolis, deu azo a grandes festejos populares, em que participou toda a gente. Em geral, o povo era excluído do recinto sagrado da residência do deus e tinha de esperar por eventos excepcionais deste género para participar nos ritos.

Os sacerdotes, «servidores do deus» responsáveis pelo funcionamento quotidiano do templo, estavam divididos em equipas ou *filés*, que se revezavam todos os meses deixando por escrito uma relação dos lugares e do mobiliário de culto: «Relatório da quarta *filé* do clero do templo (de Illahun) que termina o seu serviço mensal. Eis a sua declaração: todos os vossos assuntos estão em bom estado. Examinámos todos os bens do templo e tudo está em bom estado, para a primeira *filé* que vai entrar ao seu serviço do mês.» Nas *filés* destacava-se a categoria dos sacerdotes-*uab*, «puros», que estavam sujeitos a regras muito estritas de higiene e limpeza, exigidas pelo transporte dos objectos sagrados e pelo abate ritual dos animais de sacrifício. As *Lamentações de Ipu-ur*, texto nostálgico que lastima o declínio do Egipto no Primeiro Período Intermédio, queixa-se dos cultos que já não são prestados: «Lembra-te da construção da capela, do incenso que aí se vertia, da água de libação que, de madrugada, se fazia correr da louça. Lembra-te das galinhas gordas, dos gansos e dos patos, e das oferendas que se dispunham para os deuses. Lembra-te do natrão que se mascava (para purificar a boca), do pão branco que se cozia. Lembra-te dos mastros que se erguiam, das mesas de oferendas que se talhavam, enquanto os sacerdotes-*uab* purificavam as capelas, (lembra-te) do templo branco de gesso como se fosse leite, da doçura do perfume do horizonte, da riqueza das oferendas».

Abido e o seu deus Osíris

No Império Médio, o culto de Osíris adquire um carácter de culto nacional, e Abido, o seu centro religioso, torna-se lugar de peregrinação obrigatória para qualquer Egípcio preocupado com a sua vida no Além. As festas que aí se desenrolam são bem conhecidas: às dezenas de milhares, os Egípcios fizeram a viagem a Abido e celebraram esse facto nos seus monumentos votivos, gravando na pedra os mistérios e os espectáculos cujo palco era o santuário de Osíris. Deus menor no Império Antigo, Osíris torna-se, a partir da XII dinastia, o símbolo da ressurreição e da esperança no Além. Encarna todas as possibilidades de renascimento: a da vegetação após a cheia e a da vida após a morte. A partir do II milénio, o seu mito fortalece e suplanta os dos outros deuses do mundo dos mortos.

Em Abido, o espaço sagrado sofre ampliações constantes: arranja-se «o templo, as casas, as cidades de eternidade, o excelente território dos deuses, cuja disposição supera a de qualquer outro lugar e com a qual o deus se regozija»; mantém-se um pessoal religioso e doméstico abundante que todos os meses organiza as festas em honra de Osíris. O «terraço do grande deus», vasta esplanada anexa aos santuários, torna-se o local onde se erigem as estelas dos peregrinos. Os Egípcios continuam a ser sepultados nas suas aldeias, mas, para garantirem a protecção do grande deus de Abido, adquirem o hábito de erguer no local uma estela, ou um conjunto votivo, que associa os seus familiares e próximos numa oração comum a Osíris, cujas variantes são infinitamente repetidas nestas pedras: «Possa o rei fazer oferenda a Osíris, senhor de Abido, o grande deus, para que ele conceda uma oferenda pela promessa constituída de pão, cerveja, bois, galinhas, alabastro, roupas e todas as coisas boas e puras [...] pelo *ka* (alma) do glorificado N, concebido por X, posto no mundo por Y.» Estes monumentos foram encontrados aos milhares no sítio de Abido; o seu estudo mostra, de facto, que nem todas as pessoas nomeadas fizeram a viagem, mas que era habitual encomendar a um amigo ou a uma oficina instalada no local a gravação de tal monumento. A condição modesta das pessoas representadas nas estelas de Abido é impressionante: trata-se de polícias, guerreiros, guardas, escribas subalternos, por vezes até funcionários que nem sabem o nome da mãe, indicando assim que são de família desconhecida. Contudo, têm direito à sua estela votiva em Abido, sinal da «democratização» das crenças funerárias no Império Médio.

As festas em honra de Osíris eram acompanhadas muito atentamente pelo rei, que enviava funcionários em sua representação ao santuário do grande deus. No ano 19 do reinado de Sesóstris III, Ikher-nofret, guardião do selo real e favorito do rei, foi enviado a Abido para dirigir as cerimónias e redourar a estátua de culto. O texto da estela conta, com muita vivacidade, os episódios marcantes dos mistérios de Osíris: «[...] Erigi a grande barca eterna de Osíris. Fiz para ele um relicário portátil que encerra a perfeição do deus em ouro, prata, lápis-lazúli, cobre, madeira de ébano e de sândalo. Modelei os deuses do séquito e restaurei os seus relicários. Instituí os sacerdotes nos seus cargos. Ensinei-lhes o ritual diário e o ritual solene dos inícios das estações. Dirigi os trabalhos na barca Nechemet (barca-capela de Osíris) e construí as suas capelas. Decorei o peitoral do senhor de Abido com lápis-lazúli, turquesa, ouro e todas as pedras preciosas devidas à decoração de um corpo de deus. Revesti o deus com as suas insígnias no meu estatuto de encarregado dos mistérios, na minha função de sacerdote. Eu tinha as mãos puras quando toquei no deus, era um sacerdote de dedos limpos. Dirigi a procissão de Upuaut (outra divindade funerária) quando saiu para ajudar o seu pai. Repeli os que atacavam a barca Nechemet e derrotei os inimigos de Osíris. Conduzi a grande procissão seguindo o caminho do deus. Pus a navegar a barca divina. [...] Levei Osíris, o senhor de Abido, para o seu palácio. [...] A purificação foi praticada, a sua cadeira foi ampliada [...]». Ao longo de toda a procissão, alguns sacerdotes imitavam os inimigos do deus ou os seus acólitos, até à vitória final, que assegura a sobrevivência ao senhor da eternidade. Uma multidão numerosa assistia a estes espectáculos, apreciava a encenação dos combates míticos e via neles razões para acreditar no Além.

O medo do Além

É que a questão do destino humano após a morte era o grande problema dos vivos, que durante toda a vida se preparavam para isso, hesitando, ao longo dos anos, entre a confiança serena e a dúvida. Morrer é um episódio dramático da existência, uma experiência que nunca ninguém pôde contar, mas cuja percepção espontânea é de que se trata da privação do alento vital. Para aceitarem este fim inevitável e ajudarem o espírito dos homens a enfrentar a passagem para o mundo do Grande Desconhecido, os Egípcios inventaram todo um arsenal de operações materiais e cerimónias mágico-religiosas fundadas em crenças funerárias que, tal como as outras, conheceram algumas evoluções, mas também algumas constantes.

A primeira destas constantes é a certeza, misturada com o medo, do julgamento divino logo após a morte. Essa certeza justifica que se leve uma vida em conformidade com o espírito de *Maât*, sabendo-se que qualquer transgressão dessa ordem moral exigida pelo deus corre o risco de desencadear impreterivelmente o castigo divino: «Quando o homem chega à margem da morte, os seus actos são amontoados ao seu lado, e é para sempre!», lembra o *Ensinamento para Merikaré*. Este mesmo receio leva o Egípcio a repetir incansavelmente declarações de boa conduta nos seus monumentos fúnebres: «[...] Eu disse a *Maât*, fiz a *Maât*, disse o bem, repeti o bem. Alcancei a perfeição, porque desejava ter o bem perto dos homens. Julguei dois queixosos de modo a que ficassem satisfeitos. Salvei o miserável das mãos do poderoso, quando para tal eu tinha autoridade. Dei pão a quem tinha fome, roupas a quem estava nu, uma passagem ao náufrago, um túmulo a quem não tinha filhos. Fiz um barco para quem não o tinha. Respeitei o meu pai, amei a minha mãe e criei os seus filhos [...]».

Construir o próprio túmulo para garantir a vida depois da morte

Outra característica permanente da religião funerária, que aparece desde o Império Antigo, é a abundância de meios materiais e mágicos utilizados para garantir a vida depois da morte. No primeiro nível dos meios materiais está a construção do túmulo, a morada do defunto. A necrópole é instalada no limite do deserto, do lado poente, assimilando a viagem da alma do defunto com a do sol que se põe. Construídos para a eternidade, estes túmulos são feitos de belas pedras talhadas ou escavados na rocha; muitos resistirão à erosão dos séculos e poderão assim transmitir aos arqueólogos os costumes dos seus antigos proprietários. O túmulo egípcio tem duas partes distintas, que correspondem a duas funções. Por um lado, o seu jazigo, escavado profundamente na necrópole e acessível através de um poço, recebe o enterro do morto com o seu equipamento funerário; por outro, a sua capela, em superstrutura, é o ponto de contacto entre os vivos e o morto, o lugar público que permite aos sacerdotes e à família praticarem o culto funerário ou simplesmente meditar. Desde sempre que o receio de ter o seu túmulo visitado ou violado por um transgressor desonesto foi expresso com ameaças de vingança no Além: «Quem danificar qualquer pedra ou qualquer tijolo neste meu túmulo, cortar-lhe-ei o pescoço como a um pássaro, e aterrorizá-lo-ei tanto que todas as pessoas vivas da terra e os espíritos o verão e se assustarão [...] Ó vivos que estais na terra e que passais perto deste túmulo, se desejais que o vosso rei vos recompense, e se quereis obter a condição de *imakhu* (glorificado) junto do grande deus, não entrai neste meu túmulo em estado de impureza. Quem nele entrar em estado de impureza após estas palavras, serei julgado com ele pelo grande deus e esmagarei os seus familiares na terra e também as suas casas [...]».

Mas a construção de um túmulo com decorações e inscrições não estava ao alcance de todos. Os mais belos vestígios conservados pertencem a necrópoles dos cortesãos, como as mastabas de Gizé e de Sakara, que hoje visitamos maravilhados. A residência eterna das pessoas do povo era mais modesta. O cemitério de Balat, no oásis de Dakhla (IV dinastia), contém, ao lado das enormes mastabas dos governadores do oásis, túmulos muito básicos, simples fossas oblongas escavadas na superfície da areia do deserto. O defunto, enrolado numa esteira ou deposto directamente no solo, tinha apenas como mobiliário fúnebre alguma louça de terracota e amuletos.

Corpos e almas reunidos na mumificação

A mumificação é outra das precauções materiais realizadas pelos Egípcios desde a III dinastia para se protegerem dos perigos da passagem para o Além. Se se quiser que os elementos espirituais e físicos do indivíduo se reúnam após a morte, é necessário conservar a integridade do seu invólucro carnal e evitar a todo o custo a putrefacção. Ao verificarem que o cadáver, quando simplesmente deixado na areia, sofria uma dessecação natural que lhe assegurava uma conservação de boa qualidade, os Egípcios desenvolveram técnicas cada vez mais sofisticadas que melhoraram o efeito espontâneo do deserto. Também aqui, a mumificação, que se tornará banal no I milénio, está reservada à família real e aos mais poderosos do tempo das pirâmides. As primeiras tentativas consistiram no enfaixamento dos corpos, deixados tal e qual, com ligaduras embebidas em resina. Por volta de 2600 a.C., começa-se a realizar a evisceração do cadáver, guardando-se ritualmente os órgãos retirados em vasos específicos, chamados vasos canopos. As carnes são então dessecadas com uma pincelagem de natrão à base de carbonato de sódio e depois o corpo é cuidadosamente envolvido em ligaduras. As camadas sobrepostas de ligaduras que cobriam o cadáver de Uah, personagem oficial de cerca de 2000 a.C., perfaziam uma superfície total de 375 m^2. Por vezes, os traços do rosto são pintados sobre os tecidos que cobrem a cabeça, indicando ao arqueólogo se a múmia é um homem ou uma mulher.

Após a mumificação, pratica-se o rito da «abertura da boca», constituído por fórmulas mágicas e gestos rituais que devem conferir ao corpo as capacidades funcionais da boca, olhos, nariz e orelhas, permitindo-lhe assim realizar actividades «normais» no Além: falar, respirar, circular e receber as oferendas que lhe são destinadas. Depois de o corpo estar materialmente preparado, procede-se ao enterro, no qual os sacerdotes ministram as práticas mágico-religiosas destinadas a assegurar-lhe a vida depois da morte.

A cerimónia fúnebre

Na maioria das vezes é necessário atravessar o rio para chegar à margem dos cemitérios, pela qual velam os deuses Osíris e Anúbis. O morto é deposto na sua urna, também chamada sarcófago, e içado para um barco para a sua última travessia. Perto dele está a sua estátua, que o representa com os seus traços de juventude e lhe servirá de duplo em caso de ausência física do invólucro corporal. Chegado à outra margem, o catafalco é puxado por bois até ao túmulo. Carpideiras profissionais acompanham o cortejo e expressam a sua dor, tal como as deusas Ísis e Néftis de luto pelo irmão Osíris. Os *Muu*, actores--dançarinos especializados, com tranças floridas na cabeça, executam cabriolas propiciatórias. Os sacerdotes dirigem a cerimónia, na qual participam a família e os amigos do defunto. No *Conto de Sinuhe*, texto romanesco do Império Médio, o faraó exorta o herói exilado na Síria a regressar ao país natal, para aí receber um enterro segundo a tradição egípcia, o único capaz de lhe garantir a salvação eterna: «[...] Pensa no dia do enterro, na passagem para o estado de glorificado. A escuridão ser-te-á então concedida e os óleos necessários ao embalsamento, e as ligaduras que estão nas mãos de Taiet (deusa da tecelagem). Faremos para ti uma procissão fúnebre no dia do enterro, com um sarcófago de ouro cuja cabeça será de lápis-lazúli. [...] Serás puxado por bois, os cantores irão à frente, realizar-se-á para ti a dança dos *Muu* à entrada do teu túmulo. Para ti, declamaremos uma lista de oferendas, faremos sacrifícios diante das tuas mesas de oferendas, e as colunas do teu túmulo serão erguidas em pedra branca, entre os túmulos dos filhos dos reis. Não podes morrer num país estrangeiro; os Asiáticos não te sepultarão [...]».

Uma vez deposta a urna no fundo da cova, o cortejo dispõe o mobiliário funerário à volta do caixão, esperando fornecer ao defunto objectos rituais capazes de lhe facilitar a vida no Além. Encontra-se um pouco de tudo à volta do morto: louça para os alimentos, potes de alabastro para os óleos e unguentos, almofadas, arcas com roupa e vestuário, calçado, vasos canopos cheios de vísceras do morto (no caso de esses órgãos serem necessários ao defunto no Além), um espelho, objectos de *toilette*, instrumentos de música, jogos, uma ou duas paletas de escriba, por vezes armas, paus e, a partir do Império Médio, *uchebtis*, pequenas figurinhas que representam o morto e que o deverão substituir por magia para os trabalhos aborrecidos que o esperam no Além.

No Império Antigo, a decoração do túmulo recorda as actividades principais do seu proprietário e os melhores momentos da sua vida. A partir do Império Médio, são mais raras as sepulturas que apresentam uma decoração gravada tão sumptuosa. Mas vemos desenvolver-se um equipamento funerário mais variado, com modelos de madeira pintada, espécie de reproduções miniaturizadas do que rodeava o defunto. Aquilo que antes ornamentava as paredes das capelas é agora representado a três dimensões em redor do sarcófago. O túmulo de Meketré, em Deir el Bahari (c. 2000 a.C.), continha vinte cinco destes modelos, alguns dos quais verdadeiras maquetas de cenas da vida quotidiana. Sem uma ordem específica, havia barcas de pesca com os seus pescadores e peixes, escribas a registar um grande número de cabeças de gado, oficinas de tecelagem ou de marcenaria, barcos carregados de pessoas representando a peregrinação a Abido ou a travessia do enterro para a margem dos mortos. Os próprios sarcófagos são decorados com frisos de objectos, cuja figuração por si só, e graças à magia que dá vida a qualquer representação, deve prover as necessidades do morto. A isto acrescentam-se, inscritos no interior dos caixões, os *Textos dos Sarcófagos*, fórmulas inspiradas nos *Textos das Pirâmides* outrora reservadas apenas aos faraós. Doravante, os simples mortais podiam beneficiar do destino póstumo dos reis, vencer pela magia dessas palavras rituais os inimigos da viagem ao Além celeste e aceder, como eles, à imortalidade junto do deus Ré, que partilha com Osíris as rédeas do reino dos mortos.

O culto dos mortos

Finado e enterrado, o defunto exigia ainda serviços e ritos rigorosos, a que se chamava culto funerário. Este desenrolava-se na capela do túmulo, que se mantinha acessível aos visitantes e às oferendas que traziam regularmente. Para viver no Além, o Egípcio não podia contentar-se com o que levava no dia do seu enterro. Ano após ano, festa após festa, os vivos tinham de depositar óleos e alimentos frescos na mesa de oferendas ou no altar da sua capela. Para garantir que o rito das oferendas não seria esquecido, era muito habitual mandar gravar nas paredes da capela alguns portadores de oferendas ou inscrever «pancartas», enumerações intermináveis de produtos desejados, com os seus nomes e quantidades apropriadas. Um «apelo aos vivos» incita estes últimos a pronunciar em voz alta o nome dessas oferendas, esperando que a magia do verbo lhes dê corpo na realidade. Entre os nobres, o serviço do culto funerário era assegurado por sacerdotes «servidores do *Ka*», com os quais se podia fazer um contrato antes de morrer. Mediante a cedência de alguns dos seus bens privados, o governador Hapidjefa (c. 1950 a.C.) exige, por escrito, que todos os ritos e todas as cerimónias que se seguirão ao seu enterro sejam efectuados segundo as regras, com as quantidades pretendidas de oferendas, pelo seu sacerdote funerário.

O culto póstumo do faraó necessitava do funcionamento de um templo só para ele. Anexo à pirâmide do seu rei, o templo de Neferirkaré-Kakai, em Abusir (V dinastia), revelou parte dos seus papiros administrativos e mostrou-nos o sistema económico da sua organização. Estes arquivos dizem que o serviço diário do culto funerário foi praticado durante pelo menos duzentos anos após a morte do rei, empregando cerca de trinta pessoas, que trabalhavam por turnos no reabastecimento e armazenamento dos produtos. A par dos sacerdotes, são nomeados nas escalas de serviço artesãos, lavadeiros, cozinheiros e carregadores. Após a realização dos ritos quotidianos, todo este pessoal beneficiava das oferendas e era com elas que alimentavam as suas famílias.

«A morte não é um fim...»

Os Egípcios não põem de parte a ideia de que os seus mortos possam intervir no mundo dos vivos. O falecimento súbito da esposa após uma discussão doméstica, ou do pai que foi negligenciado nos derradeiros momentos da sua vida, causa remorsos aos sobreviventes, que temem que o espírito dos mortos venha vingar-se como um fantasma, tornando-lhes a vida insuportável. Se o falecido for apenas um ente querido cuja presença faz falta aos que ficaram, não o temem, mas escrevem-lhe para lhe pedir conselho e protecção. As *Cartas aos Mortos* constituem uma categoria muito particular da documentação faraónica e permitem entrever as relações íntimas que os Egípcios continuavam a manter com os seus próximos, mesmo após a morte. Muitas vezes, estas cartas estão rabiscadas em hierático num recipiente de terracota cheio de oferendas que era depositado no túmulo do defunto. Para afastar a má sorte que paira sobre a casa e que causa doenças ao seu pessoal, a viúva Dédi (c. 2000 a.C.) escreve ao seu defunto marido: «Enviado por Dédi ao sacerdote Antef, nascido em Iunakht: "Quanto a esta criada Imiú que está doente, não poderás lutar dia e noite por ela, contra qualquer homem ou mulher que lhe queira mal? Por que queres estragar tudo? Bate-te por ela! Agora! Então a sua família será restabelecida e faremos libações por ti. Se não nos ajudares, a tua casa será destruída! Não sabes que é esta criada que faz tudo entre os homens? Bate-te por ela! Vela por ela! Então a tua casa e os teus filhos ficarão bem. Ouve-me bem!"». As primeiras *Cartas aos Mortos* surgem no tempo das pirâmides, por volta de 2350 a.C.. Mostram sempre um tom muito vivo, ora afectuoso ora ameaçador, e exprimem sentimentos que pensávamos reservados aos vivos.

Deve-se ver nestas veementes mensagens aos defuntos uma prova suplementar de uma obstinação própria à raça humana, particularmente presente no coração dos Egípcios, que concentram toda a sua energia na negação da morte e na recusa em ver nela o fim das coisas da vida.

Bibliografia Geral

O leitor encontrará na bibliografia geral as obras para as quais o autor remete em relação a todos os assuntos abordados neste livro. Segue-se uma lista de referências a recolhas de traduções seguidas de textos egípcios, profanos e religiosos, abundantemente citados ao longo de toda esta obra. Uma bibliografia capítulo por capítulo permite depois que o leitor encontre complementos de informações pontuais que a sua própria curiosidade o levará a procurar sobre determinado assunto. A maioria das obras abaixo citadas em também possui bibliografias muito completas, que nos pareceu inútil repetir.

Actas do colóquio: *Abusir and Sakara in the year 2000*, org. de M. Barta e Jaromir Krejci, Praga, 2000.

ANDREU Guillemette, *Images de la vie quotidienne en Egypte au temps des pharaons*, Paris, Hachette, 1992.

ANDREU Guillemette, *Les Egyptiens au temps des Pharaons*, Paris, Hachette, col. Pluriel, 1997.

BAINES John e MALEK Jaromir, *Atlas de l'Egypte ancienne*, Paris, Nathan, 1981.

Catálogos das exposições: *L'art égyptien au temps des pyramides*, Paris, 1999, *Egyptian Art in the Age of the Pyramids*, The Metropolitan museum of Art, Nova Iorque, 1999-2000.

CHERPION Nadine, *Mastabas et Hypogeés d'Ancien Empire. Le problème de la datation*, Bruxelas, 1989.

DAUMAS François, *La civilisation de l'Egypte ancienne*, Paris, Arthaud, 1967.

DONADONI-ROVERI Anna Maria (org. de), Museu Egípcio de Turim. *La civilisation des Egyptiens, la vie quotidienne*. Milão, 1987.

DONADONI Sérgio (org de), *L'Homme égyptien*, Paris, le Seuil, 1992.

EGGEBRECHT Arne *et al.*, *L'Egypte ancienne*, Paris, Bordas, 1986.

ERMAN Adolf e RANKE Herman, *La civilisation égyptienne*, Paris, Payot, 1963.

GRIMAL Nicolas, *Histoire de l'Egypte ancienne*, Paris, Fayard, 1988.

HARPUR Yvonne, *Decoration in Egyptian Tombs of the Old Kingdom. Studies on Orientation and Scene Content*, Londres e Nova Iorque, 1987.

HELCK Wolfgang, OTTO Eberhard e WESTENDORF Wolfhart (org. de), *Lexikon der Ägyptologie*, Wiesbaden, sete volumes publicados de 1975 a 1992.

Histoire des Religions 1. Religions antiques, religions de salut, Encyclopédie de la Pléiade, Paris, 1970.

Histoire Universelle 1. Des origines à l'Islam, Encyclopédie de la Pléiade, Paris, 1956.

LECLANT Jean *et al.*, *Les Pharaons. Le temps des Pyramides*, L'Univers des Formes, I, Paris, Gallimard, 1978.

MALEK Jaromir, *Les Egyptiens. A l'ombre des Pyramides*, Paris, Nathan, ed. Atlas, 1988.

MARIETTE Auguste, *Les mastabas de l'Ancien Empire.* Publicado segundo o manuscrito do autor por G. Maspero, Paris, 1889. Reimpr. Georg Olms Verlag, Hildesheim e Nova Iorque, 1976.

MIDANT-REYNES Béatrix, *Préhistoire de l'Egypte. Des premiers hommes aux premiers pharaons*, Paris, Colin, 1992.

MONTET Pierre, *Les scènes de la vie privée dans les tombeaux égyptiens de l'Ancien Empire*, Estrasburgo, 1925.

POSENER Georges, em colaboração com SAUNERON Serge e YOYOTTE Jean, *Dictionnaire de la civilisation égyptienne*, Paris, Hazan, 1959.

SILIOTTI Alberto, *Pyramides. Guide des meilleurs sites.* Gründ, 1997.

STEAD Myriam, *Egyptian Life*, Londres, British Museum, 1986.

STROUHAL Eugen, *Vivre au temps des Pharaon*, Paris, ed. Atlas, 1992.

TRIGGER B.G., KEMP B.J., O'CONNOR D. e LLOYD A.B., *Ancient Egypt: A Social History*, Cambridge, 1983.

VALBELLE Dominique, *L'égyptologie*, Paris, Que sais je? n° 1312, 1991.

VALBELLE Dominique, *La vie dans l'Egypte ancienne*, Paris, P.U.F., Que sais-je? n° 1302, 1988.

VANDIER Jacques, *Manuel d'archéologie égyptienne*, Paris, Picard, em seis volumes publicados de 1952 a 1969.

VERCOUTTER Jean, *L'Egypte et la vallée du Nil. Tomo 1: des origines à la fin de l'Ancien Empire*, Paris, P.U.F., 1992.

VERNUS Pascal e YOYOTTE Jean, *Les Pharaons*, Paris, MA ed., 1988.

WILDUNG Dieter, *L'âge d'or de l'Egypte. Le Moyen Empire*, Friburgo, Office du Livre, 1984.

Recolhas de traduções de textos

BREASTED James Henry, *Ancient Records of Egypt.* Vol. 1: *The First to the Seventeenth Dynasties.* reimp. em Londres, 1988.

GRANDET Pierre, *Contes de l'Egypte ancienne*, Paris, Hachette Littératures, 1998.

LALOUETTE Claire, *Textes sacrés et textes profanes de l'ancienne Egypte.* I: *Des Pharaons et des hommes.* II: *Mythes, contes et poésie*, Paris, Gallimard, 1984 e 1987.

LEFEBVRE Gustave, *Romans et contes égyptiens de l'époque pharaonique*, Paris, Maisonneuve, 1949.

LICHTHEIM Miriam, *Ancient Egyptian Autobiographies chiefly of the Middle Kingdom. A Study and an Anthology*, Göttingen e Friburgo, 1988.

LICHTHEIM Miriam, *Ancient Egyptian Literature. A Book of Readings. Vol. I: The Old and Middle Kingdoms*, Berkeley, University of California Press, 1975.

PARKINSON Richard B., *Voices from Ancient Egypt. An Anthology of Middle Kingdom Writings*, Londres, British Museum Press, 1991.

POSENER Georges, *L'enseignement loyaliste. Sagesse égyptienne du Moyen Empire*, Genebra, Droz, 1976.

POSENER Georges, Le conte de Neferkaré et du général Siséné in *Revue d'Egyptologie* 11, 1957, pp. 119-137.

ROCCATI Alessandro, *La littérature historique sous l'Ancien Empire égyptien*, Paris, Éd. du Cerf, 1982.

SIMPSON William Kelly, *The Literature of Ancient Egypt.* New Haven e Londres, Yale University Press, 1973.

VERNUS Pascal, *Sagesses de l'Egypte pharaonique*, Paris, Imprimerie nationale, 2001.

WENTE Edward, *Letters from Ancient Egypt*, Atlanta, Scholars Press, 1990.

O tempo das pirâmides

BUTZER, Karl W., *Early Hydraulic Civilization in Egypt. A Study in Cultural Ecology*, Chicago, 1976.

EMERY Walter B., *Archaic Egypt.* Hardmondworth, Penguin Books, 1961.

L'Egypte avant les Pyramides, 4ᵉ millénaire. Catálogo de exposição, Grand Palais, Paris, 1973.

L'Egypte des millénaires obscurs. Catálogo de exposição. Hatier et Musées de Marseille, 1990.

Mémoires d'Egypte. Catálogo de exposição (Biblioteca Nacional) realizada por ocasião do bicentenário do nascimento de Jean-François Champollion, 1990.

Naissance de l'écriture. Cunéiformes et hiéroglyphes. Catálogo de exposição. Galerias nacionais do Grand Palais, Maio-Agosto 1982, Paris, 1982.

SPENCER A. J., *Early Egypt. The Rise of Civilization in the Nile Valley.* British Museum Press, Londres, 1993.

STADELMANN Rainer, «Beiträge zur Geschichte des Alten Reich. Die Länge der Regierung des Snofru» in *Mitteilungen des deutschen Ärchaeologischens Instituts abteilung Kairo* 43, 1987, pp. 229-240.

VERNUS Pascal, «La naissance de l'écriture dans l'Egypte ancienne» in *Archéo-Nil* n° 3, 1993, pp. 75-108.

Súbditos dos faraós

Actas do colóquio: *Social Aspects of Funerary Culture in the Egyptian Old and Middle Kingdoms*, (Leyde, 1996), Louvana, 2001.

ASSMANN Jan, *Maât, L'Egypte pharaonique et l'idée de justice sociale*, Paris, Julliard, 1989.

BAER Klaus, *Rank and Title in the Old Kingdom*, Chicago, 1960.

BERLEV Oleg, *La classe laborieuse en Egypte au Moyen Empire*, Moscovo, 1972 (em russo).

BERLEV Oleg, *Les relations sociales en Egypte au Moyen Empire*, Moscovo, 1978 (em russo).

BONHÈME Marie-Ange e FORGEAU Annie, *Pharaon. Les secrets d'un pouvoir*, Paris, A. Colin, 1988.

HAYES William C., *A Papyrus of the Late Middle Kingdom*, Brooklyn Museum, reed. 1972.

HELCK Wolfgang, *Untersuchungen zu den Beamtentiteln des ägyptischen Alten Reiches*, ÄgyptologischeForschungen 18, Hamburgo e Gluckstadt, 1954.

HELCK Wolfgang, *Zur Verwaltung des Mittleren und Neuen Reichs*, Leiden, 1958.

HUSSON Genevieve e VALBELLE Dominique, *L'Etat et les Institutions en Egypte des premiers pharaons auxempereurs romains*, Paris, A. Colin, 1992.

JONES Dilwyn, *An Index of Ancient Egyptian Titles, Epithets and Phrases of the Old Kingdom*, 2 vols., Oxford, 2000.

KANAWATI Naguib, *Governmental Reforms in Old Kingdom Egypt*, Aris e Phillips, Warminster, 1980.

KANAWATI Naguib, *The Egyptian Administration in the Old Kingdom. Evidence on its Economic Decline.* Aris e Phillips, Warminster, 1977.

KLOTH Nicole, *Die (auto-)biographischen Inschriften des ägyptischen Alten Reiches: Untersuchungen zu Phraseologie und Entwiclung*, Hamburgo, 2002.

LICHTHEIM Miriam, *Maat in Egyptian Autobiographies and Related Studies*, Göttingen e Friburgo, 1992.

MARTIN-PARDEY Eva, *Untersuchungen zur ägyptischen Provinzialverwaltung bis zum Ende des Alten Reiches*. Hildesheim, 1976.

MORENO GARCIA Juan Carlos, *Etudes sur l'administration, le pouvoir et l'idéologie en Egypte de l'Ancien au Moyen Empire*, Liège, 1997.

POSENER Georges, «Les Asiatiques en Egypte sous les XIIe et XIIIe dynasties» in *Syria* 34, 1957, pp. 145-163.

POSENER Georges, *De la divinité du Pharaon*, Paris, Cahiers de la Société asiatique, n° 15, 1960.

POSENER Georges, *L'enseignement loyaliste. Sagesse égyptienne du Moyen Empire*, Genebra, Droz, 1976.

POSENER Georges, *Littérature et Politique dansl'Egypte de la XIIe dynastie*. Paris, Librairie Champion, 1969.

QUIRKE Stephen, *The Administration of Egypt in the Late Middle Kingdom, The Hieratic Documents*. New Malden, 1990.

REDFORD Robert, «Egypt and Western Asia in the Old Kingdom» in *Journal of the American Research Center in Egypt*, 23, 1986, pp. 125-144.

SIMPSON William Kelly, *The Terrace of the Great God at Abydos. The Offering Chapels of Dynasties 12 and 13*, New Haven e Filadélfia, 1974, pp. 17 e ss., 8-9 (ANOC 3).

SOUKIASSIAN Georges, WUTTMANN Michel, PANTALACCI Laure, *Balat VI, Le palais des gouverneurs del'époque de Pépy II*, Cairo, IFAO, 2002.

STRUDWICK Nigel, *The Administration of Egypt in the Old Kingdom. The Highest Titles and their Holders*, Londres, 1985.

VALBELLE Dominique, *Les Neuf Arcs: l'Egyptien et les étrangers de la Préhistoire à la conquête d'Alexandre*, Paris, A. Colin, 1990.

VAN DER BOORN G.P.F., *The Duties of the Vizier*, Londres e Nova Iorque, Kegan Paul International, 1988.

As grandes obras

ANDREU Guillemette, «Les Egyptiens au Sinaï» in *Le Monde de la Bible*, n° 10, 1979, pp. 26-28.

BERLEV Oleg, relatório de SADEK Ashraf, *The Amethyst Mining Inscriptions of Wadi el-Hudi* in *Bibliotheca Orientalis*, 40, 1983, pp. 355-357.

CASTEL Georges e SOUKIASSIAN Georges, «Dépôt de stèles dans le sanctuaire du Nouvel Empire au Gebel Zeit» in *Bulletin de l'Institut français d'archeologie orientale du Caire*, 85, 1985, pp. 285-293.

CASTEL Georges, GOUT Jean-François e SOUKIASSIAN Georges, «Découverte de mines pharaoniques au bord de la Mer rouge» in *Archéologia*, n° 192-193, Agosto de 1984, pp. 44-57.

CENIVAL Jean-Louis (de), e STIERLIN Henri, *Egypte, architecture universelle*, Friburgo, Office du Livre, 1964.

GOLVIN Jean Claude e GOYON Jean-Claude, *Les bâtisseurs de Karnak*, Paris, Presses du C.N.R.S., 1987.

GOYON Georges, «Les navires de transport de la chaussée monumentale d'Ounas» in *Bulletin de l'Institut français d'archéologie orientale du Caire*, 69, 1971, pp. 11-42.

LAUER Jean-Philippe, *Le mystère des Pyramides*, Paris, Presses de la Cité, 1988.

LAUER Jean-Philippe, *Les pyramides de Saqqarah*, 6ª edição revista e corrigida, Cairo, Institut français d'archéologie orientale, 1991.

LAUER Jean-Philippe, *Saqqarah - La nécropole royale de Memphis*, Tallandier, 1977.

POSENER Georges, «L'Anachorésis dans l'Egypte ancienne» in *Le monde grec; Hommages à Claire Préaux*, Université libre de Bruxelles, 1975, pp. 663-669.

SEYFRIED Karl-Joachim, *Beiträge zu den Expeditionen des Mittleren Reiches in die Ost-Wüste*. Hildesheim, 1981.

STADELMANN Rainer, «La ville de pyramide à l'Ancien Empire» in *Revue d'Egyptologie*, 33, 1981, pp. 67-77.

STADELMANN Rainer, *Die ägyptischen Pyramiden*, Darmstadt, 1985.

VALBELLE Dominique, «Le Sinaï des Pharaons» in *Le Monde de la Bible*, nº 82, Maio-Junho de 1993, pp. 15-18.

VALLOGGIA Michel, *Au cœur d'une pyramide, une mission archéologique en Egypte*, Lausana, 2001.

WATSON Philip J., *Egyptian Pyramids and Mastaba Tombs*, Shire Egyptology 6, Aylesbury, 1987.

YOYOTTE Jean, «Les sementiou et l'exploitation des régions minières a l'Ancien Empire» in *Bulletin de la Société française d'égyptologie*, 73, Paris, Junho 1975, pp. 44-55.

Escribas e sábios

BRUNNER Hellmut, «L'éducation en ancienne Egypte» in *Histoire mondiale de l'éducation*, I. Paris, P.U.F., 1981, pp. 65-86.

BRUNNER Hellmut, *Die Lehre des Cheti Sohnes des Duauf*, Glückstadt, 1944 (completado pelo seu relatório desenvolvido, com tradução em francês do texto egípcio, por VAN DE WALLE Baudouin in *Chronique d'Egypte*, nº 48, Bruxelas, Julho de 1949, pp. 244-256).

CERNY Jaroslav, «Language and Writing» in *The Legacy of Egypt*, org. de HARRIS J.R., Oxford, 1971, pp. 197-219.

CERNY Jaroslav, *Paper and Books in Ancient Egypt*, Chicago, 1952.

COUCHOUD Sylvia, *Mathématiques égyptiennes*, Paris, Le Léopard d'or, 1993.

CURTO Silvio, *Medicina e Medici nell'Antico Egitto*, Turim, 1970.

FISCHER Henry George, *L'écriture et l'art de l'Egypte ancienne*, Paris, P.U.F., 1986.

GHALIOUNGHI Paul, *The Physicians of Pharaonic Egypt*. Al-Ahram Center for Scientific Translations, Cairo, 1983.

GILLINS Richard J., *Mathematics in the Time of the Pharaohs*. The MIT Press, Cambridge, Massachusetts e Londres, 1972.

HARRIS J.R, «Medicine» in *The Legacy of Egypt*, org de HARRIS J.R., Oxford, 1971, pp. 112-137.

JAMES Thomas. G. H., *The Hekanakhte Papers and other Early-Middle Kingdom Documents*, Nova Iorque, Publications of the Metropolitan Museum of Art, Egyptian Expedition Volume XIX, 1962.

Naissance de l'écriture. Cunéiformes et hiéroglyphes. Catálogo de exposição. Galerias nacionais do Grand Palais, Maio-Agosto de 1982, Paris, 1982.

PARKER Richard, «The Calendars and Chronology» in *The Legacy of Egypt*, org. de HARRIS J.R., Oxford, 1971, pp. 13-26.

PARKER Richard, *The Calendars of Ancient Egypt*, Chicago, 1950.

PARKINSON Richard B., «Teachings, Discourses and Tales from the Middle Kingdom» in *Middle Kingdom Studies*, org. de QUIRKE Stephen, New Malden, SIA Publications, 1991, pp. 91-121.

POSENER Georges, «Les richesses inconnues de la littérature égyptienne» in *Revue d'Egyptologie*, n° 6, 1951, pp. 27-48 e n° 9, 1952, pp. 117-120.

TOOMER G. J., «Mathematics and Astronomy» in *The Legacy of Egypt*, org. de HARRIS J.R., Oxford, 1971, pp. 27-53.

VERNUS Pascal, «Les espaces de l'écrit dans l'Egypte pharaonique» in *Bulletin de la Société française d'égyptologie*, 119, Paris, 1990, pp. 35-56.

WENTE Edward, *Letters from Ancient Egypt*, Atlanta, Scholars Press, 1990.

As artes e os ofícios

Actas do colóquio: *L'art de l'Ancien Empire égyptien*, Paris, Louvre, 1999.

ARNOLD Dorothea, *When the Pyramids were built.Egyptian Art of the Old Kingdom*, The MMA, Nova Iorque, 1999.

BONHÊME Marie-Ange, *L'art égyptien*. Paris, P.U.F., Que sais-je? n° 1909, 1992.

Catálogo da exposição: *Egypt in the Age of the Pyramids*, Museum of Fine Arts, Boston, 2001-2002.

CORTEGGIANI Jean-Pierre, *L'Egypte des pharaons au musée du Caire*, Paris, Hachette, 1987.

DAVIS William V., «Artists and Patrons in Predynastic and Early Dynastic Egypt» in *Studien zur altägyptischen Kultur*, n° 10, 1983, pp. 119-139.

DELANGE Elisabeth, *Catalogue des statues égyptiennes du Moyen Empire, Musée du Louvre.* Paris, R.M.N., 1987.

FISCHER Henry George, «Les meubles égyptiens» in *L'écriture et l'art de l'Egypte ancienne*, Paris, P.U.F., 1986, pp. 169-240.

FISCHER Henry George, *Egyptian Women of the Old Kingdom and of the Heracleopolitan Period*, Nova Iorque, The M.M.A., 1989.

HALL Rosalind, *Egyptian Textiles*, Shire Egyptology 4, Aylesbury, 1986.

HOPE Colin, *Egyptian Pottery*, Shire Egyptology 5, Aylesbury, 1987.

JAMES Thomas G.H. e DAVIES William V., *Egyptian Sculpture*, Londres, British Museum, 1983.

JAMES Thomas G.H., *Egyptian Painting*, Londres, British Museum, 1985.

KILLEN Geoffrey P., *Ancient Egyptian Furniture*, Vol. 1, Warminster, 1980.

LALOUETTE Claire, *L'art et la vie dans l'Egypte pharaonique*, Paris, Fayard, 1992.

LANGE Kurt, HIRMER Max, OTTO Eberhard, DESROCHES NOBLECOURT Christiane, *L'Egypte*, Paris, Flammarion, 1968.

LHÔTE André, *Les chefs-d'oeuvre de la peinture égyptienne*, Paris, Hachette, 1954.

ROBINS Gay, *Egyptian Painting and Relief*, Shire Egyptology 3, Aylesbury, 1986.

SALEH Mohamed e SOUROUZIAN Hourig, *Catalogue officiel du musée du Caire*, Philip von Zabern, Maiença, 1987.

SHÄFER Heinrich, *Principles of Egyptian Art*, trad. do alemão por J. BAINES, Oxford, 1974.

SCHEEL B., *Egyptian Metalworking and Tools.* Shire Egyptology 13, Londres, 1989.

SMITH William Stevenson, *A History of Egyptian Sculpture and Painting in the Old Kingdom*, 2nd ed., The Museum of Fine Arts, Boston, 1946.

SMITH William Stevenson, *The Art and Architecture of Ancient Egypt*, 2nd edition, Penguin Books, 1981.

SOUKIASSIAN Georges, WUTTMANN Michel, PANTALACCI Laure, BALLET Pascale, PICON Michel, *Balat III. Les ateliers de potiers d'Ayn-Asil*, Cairo, I.F.A.O., 1990.

VANDERSLEYEN Claude, «L'art égyptien» in *Egypte*, Paris, P. Bordas & fils, 1984, pp. 43-90.

VANDERSLEYEN Claude, *Das alte Ägypten*, Berlim, Propyläen Kunstgeschichte 18, 1975.

WILSON John Albert, «The Artist of the Egyptian Old Kingdom» in *Journal of the Near Eastern Studies* 6, 1947, pp. 231-249.

YOYOTTE Jean, *Trésors des Pharaons*, Paris, Skira, 1968.

ZIEGLER Christiane, *Histoire de l'art. Naissance de l'art. De la Préhistoire à l'art romain*. (org. de CHATELET A. e GROSLIER B.-P.), Librairie Larousse References, 1988.

ZIEGLER Christiane, *Le Louvre. Les antiquités égyptiennes*, Paris, Scala, 1990.

ZIEGLER Christiane e BOVOT Jean-Luc, *Art et archéologie, L'Egypte ancienne*, Manuels de l'École du Louvre, Paris, 2001.

A vida em família

BRUNNER Hellmut, «L'éducation en ancienne Egypte» in *Histoire mondiale de l'éducation*, I Paris, P.U.F., 1981, pp. 65-86.

DAVID Rosalind, *The Pyramid Builders of Ancient Egypt. A modern Investigation of Pharaoh's Workforce*. Routledge & Kegan Paul, Londres, Boston e Henley, 1986.

FORGEAU Annie, «La mémoire du nom et l'ordre pharaonique» in *Histoire de la famille*, Paris, A Colin, 1986, pp. 135-161.

GIDDY Lisa, *Egyptian Oases*, Warminster, 1987.

JANSSEN Rosalind e JANSSEN Jac. J., *Growing up in Ancient Egypt*, Londres, The Rubicon Press, 1990.

Jouer dans l'antiquité. Catálogo de exposição, Musée d'archéologie méditerranéenne, Centre de la Vieille Charité. Marselha, R.M.N., 1991.

LASKOWSKA-KUSZTAL Ewa, «Un atelier de perruquier à Deir el-Bahari» in *Etudes et Travaux* X, Varsóvia, 1978, pp. 82-120.

ROGINS Gay, *Women in Ancient Egypt*. British Museum Press, 1993.

SIMPSON William K., «Polygamy in Egypt in the Middle Kingdom» in *Journal of Egyptian Archaeology* 60, 1974, pp. 100-105.

SOUKIASSIAN Georges, WUTTMANN Michel, SCHAAD Daniel, «La ville d'Ayn-Asil à Dakhla. Etat des recherches» in *Bulletin de l'Institut français d'archéologie orientale du Caire* 90, 1990, pp. 347-358.

UPHILL Eric, *Egyptian Towns and Cities*. Shire Egyptology 8, Aylesbury, 1988.

VALBELLE Dominique, «L'Egypte pharaonique» in *Naissance des Cités* (em colab. com HUOT Jean-Louis e THALMANN Jean-Paul), Paris, Nathan, 1990, pp. 257-290.

VERNUS Pascal, *Le surnom au Moyen Empire*, Rome, Studia Pohl, 13, 1986.

YOYOTTE Jean, «Les jeux des enfants et des adolescents en Egypte» in *Les Dossiers d'Archéologie*, n° 168, Fevereiro de 1992, pp. 2-7.

Um dia bem preenchido

ANDREWS Carol, *Ancient Egyptian Jewellery*. The British Museum Publications, 1990.

BELLESSORT Marie-Noël, «Le jeu de serpent» in *Les Dossiers d'Archéologie*, n° 168, Fevereiro de 1992, pp. 8-9.

BRUNNER-Traut Emma, *Der Tanz im alten Ägypten*, Glückstadt-Hamburgo-Nova Iorque, 1958.

Catálogo de exposição: *La femme au temps des Pharaons*, Bruxelas, 1985.

DARBY William J., GHALIOUNGHI Paul e GRIVETTI Louis, *Food: The Gift of Osiris*. Academic Press, Londres, Nova Iorque e S. Francisco, 2 volumes, 1977.

DECKER Wolfgang, *Sports and Games of Ancient Egypt*. The American University of Cairo Press, 1993.

HALL Rosalind, *Egyptian Textiles*, Shire Egyptology 4, Aylesbury, 1986.

JANSSEN Rosalind e JANSSEN Jac., *Egyptian Household Animals*. Shire Egyptology 12, Aylesbury, 1989.

JANSSEN Rosalind e JANSSEN Jac., *Growing up in Ancient Egypt*, Londres, The Rubicon Press, 1990.

JANSSEN Rosalind e JANSSEN Jac., *Getting old in Ancient Egypt*, Londres, The Rubicon Press, 1990.

VANDIER D'ABBADIE Jeanne, *Catalogue des objets de toilette égyptiens*, Paris, Musée du Louvre, 1972.

WILSON Hilary, *Egyptian Food and Drink*. Shire Egyptology 9, Aylesbury, 1988.

ZIEGLER Christiane, *Les instruments de musique égyptiens au musée du Louvre*, Paris, R.M.N., 1979.

A vida nos campos

CAMINOS Ricardo, «Le paysan» in *L'Homme égyptien*, org. de DONADONI Sergio, Paris, Le Seuil, 1992, pp. 15-50.

KUENY Gabrielle, «Scène apicoles dans l'Ancienne Egypte» in *Journal of Near Eastern Studies* n° 9, 1950, pp. 84-93.

LERSTRUP Annette, «The making of Wine in Egypt» in *Göttinger Miszellen* n° 129, 1992, pp. 61-82.

MATHIEU Bernard, «Études de métrique égyptienne II. Contraintes métriques et production textuelle dans *l'Hymne à la crue du Nil*» in *Revue d'Egyptologie*, 41, Paris, 1990, pp. 127-141.

VANDIER Jacques, *La Famine dans l'Egypte ancienne*, Cairo, I.F.A.O., 1936.

ZIEGLER Christiane, *Le mastaba d'Akhethetep, une chapelle funéraire de l'Ancien Empire*, Paris, RM.N., 1993.

A pesca e a caça

ALTENMÜLLER Hartwig, *Jagd im Alten Ägypten*, Verlag Paul Parey, Hamburgo e Berlim, 1967.

BREWERS Douglas e FRIEDMAN René, *Fish and Fishing in Ancient Egypt*, Warminster, 1989.

DAUMAS François, «Quelques remarques sur les représentations de pêche à la ligne sous l'Ancien Empire» in *Bulletin de l'Institut français d'archéologie orientale*, 62, Cairo, 1964, pp. 67-85 e ss., IX-XI.

HOULIHAN Patrick E, *The Birds of Ancient Egypt, The Natural History of Egypt*. Vol. 1, Warminster, 1986.

HOULIHAN Patrick F., *The Animal World of the Pharaohs*, Londres, Thames and Hudson, 1996.

VANDIER Jacques, «Quelques remarques sur la préparation de la boutargue» in *Kêmi* 17, Paris, 1964, pp. 26-34.

ZIEGLER Christiane, *Le mastaba d'Akhethetep, une chapelle funéraire de l'Ancien Empire*, Paris, R.M.N., 1993.

Um povo de crentes

ASSMANN Jan, *Maât, L'Egypte pharaonique et l'idée de justice sociale*, Paris, Julliard, 1989.

BREASTED Henry James, *Egyptian Servant Statues*, The Bollingen Series XIII, Pantheon Books, 1948.

CASTEL Georges, PANTALACCI Laure, CHERPION Nadine, *Le mastaba de Khentika*, 2 vol., Cairo, IFAO, 2001.

CHRISTIE Agatha, *La mort n'est pas une fin*. Trad. francesa, Paris, Le club des masques, 1980.

DERCHAIN Philippe, numerosos artigos sobre o Egipto antigo em *Dictionnaire des Mythologies* (org. de BONNEFOY Yves), Paris, Flammarion, 1981.

DONADONI Sergio, «Le mort» in *L'Homme egyptien*, Le Seuil, Paris, pp. 305-334.

DUNAND Françoise e LICHTENBERG Roger, *Les momies. Un voyage dans l'éternité*, Paris, Découvertes Gallimard, 1991.

DUNAND Françoise e ZIVIE-COCHE Christiane, *Dieux et Hommes en Egypte*, Paris, A. Colin, 1991.

FRANCO Isabel, *Rites et croyances d'éternité*, Bibliothèque de l'Egypte ancienne, Paris, Pygmalion, 1993.

GARDINER Alan H. e SETHE Kurth, *Egyptian Letters to the Dead: mainly from the Old and Middle Kingdoms*, Londres, 1928.

HORNUNG Erik, *Les Dieux de l'Egypte. Le Un et le Multiple*, Paris, Ed. du Rocher, 1986.

LECLANT Jean et al., *Les Textes de la pyramide de Pépy Ier;* 2 vol. Cairo, IFAO, 2001.

LICHTHEIM Miriam, *Ancient Egyptian Autobiographies chiefly of the Middle Kingdom. A Study and an Anthology*. Göttingen e Friburgo, 1988, pp. 98-100 (acerca da estela de Ikher-nofret).

MEEKS Dimitri e FAVARD-MEEKS Christine, *La vie quotidienne des dieux égyptiens*, Paris, Hachette, 1993.

POSENER-KRIEGER Paule, *Les archives du temple funéraire de Néferirkarê-Kakaï*; tradução e comentário, I e II, Cairo, I.F.A.O., 1976.

SAUNERON Serge e YOYOTTE Jean, *La Naissance du monde*, Sources Orientales 1, Paris, Le Seuil, 1959, pp. 19-91.

SIMPSON William Kelly, *The Terrace of the Great God at Abydos. The Offering Chapels of Dynasties 12 and 13*. New Haven e Filadélfia, 1974 (ANOC 1,1 acerca da estela de Ikher-nofret).

TRAUNECKER Claude, *Les Dieux de l'Egypte*. Paris, P.U.F., «Que sais-je?» n° 1194, 1991.

WILD Henri, *Les danses sacrées*, Sources Orientales 6, Paris, Le Seuil, 1963, pp. 33-117.

YOYOTTE Jean, «La pensée préphilosophique enEgypte» in *Histoire de la Philosophie* I, Encyclopédie de la Pléiade, Paris, 1969, pp. 1-23.

YOYOTTE Jean, *Le jugement des morts*, Sources Orientales 4, Paris, Le Seuil, 1961, pp. 17-80.

YOYOTTE Jean, *Les pélerinages*, Sources Orientales 3, Paris, Le Seuil, 1960, pp. 17-74.

Índice onomástico

AMENEMHAT   87, 116, 174
AMENEMHAT I   24, 26, 57, 173
AMENEMHAT III   20
AMENI   41, 112, 174
AMENÓFIS   30
AMENÓFIS IV-AKHENATON   140
AMON   19, 139
ANI   83, 174
ANKHMAHOR   85, 90
ANTEF   59, 87, 151, 173
ANÚBIS   16, 148
ATUM   142, 143

BÉS   85

CHAMPOLLION   14, 156
CHEIKH EL-BELED   68
CHRISTIE   61, 167

DÉDI   151
DEDU-SOBEK   29, 173
DIDUFRI   7, 23, 25
DJAÚ   52
DJEDKARÉ   81
DJEHUTIHOTEP   49
DJOSER   69

GEREG   61

HAPIDJEFA   151
HARDJEDEF   60, 173
HATHOR   43, 44, 61, 90, 101, 108, 121, 142
HEKANAKHT   61, 113, 173
HEKET   86

HEMAKA   55
HEMIUN   47
HERKHUF   32, 109, 173
HERÓDOTO   48, 93
HETEP-HERES   26, 100
HORAKHTI   143
HÓRUS   16, 17, 23, 24, 63, 87, 133, 135, 142, 143
IDUT   105
IKHER-NOFRET   145, 167, 168, 173
IMHOTEP   17, 45, 46, 47, 60, 69, 176
IMIÚ   151
INTI   31
IPU-UR   59, 144, 174
IRTISEN   69
ISÉSI   7, 17, 53, 60
ISI   27, 173
ÍSIS   63, 86, 142, 149
IUNAKHT   151

JÚPITER   63

KAAPER   52
KHAEMUASET   31
KAUIT   97, 98
KHETI   53, 54, 60, 77, 109, 114, 115
KHNUM   86
KHNUMHOTEP   35, 78, 86, 116
KHONSU   87
KIPLING   57
LAUER   46, 48, 159, 160

MAÂT   158
MANETON   16, 18

165

MARIETTE 68, 154
MARTE 63
MASPERO 125, 154
MEKETRÉ 78, 150
MENKAUHOR 86
MERCÚRIO 63
MERENRÉ 27, 45
MERERUKA 107, 116
MERIKARÉ 26, 35, 146, 173
MESKHENET 86
METCHEN 120, 174
MIN 42, 142
MIQUERINOS 7, 17
MOÉRIS 116
MONTU 19
MONTUHOTEP 19, 61
MONTUHOTEP II 7, 19
MUT 87

NEBKA 83
NEFERIRKARÉ-KAKAI 151
NEFERKARÉ 156, 173
NEFERMAAT 47
NEFERTITI 174
NEFRET 73
NEFRUSOBEK 20
NÉFTIS 63, 86, 149
NEKHBET 24
NESMONTU 35, 173
NIANKHKHNUM 86, 116
NILO-HAPI 112
NIUSERRÉ 86, 125
NUN 141, 142

OSÍRIS 144-145, 148, 149, 150, 178

PEPI I 7, 18, 31, 32, 38, 45, 173
PEPI II 7, 18, 109
PTAH 142
PTAHHOTEP 18, 53, 60, 81, 90, 91, 95, 105
PTAHSEPSÉS 107, 109, 137, 174
PTOLEMEU I 16
PTOLEMEU II 16

QUÉFREN 7, 17, 49, 83
QUÉOPS 7, 17, 25, 26, 47, 48, 58, 60, 100

RAHOTEP 73
RAKHAEF-ANKH 124
RAMSÉS 30

RÉ 16, 17, 23, 24, 86, 112, 142, 150
RÉ-ATUM-KHEPRI 142
REDJEDET 86
REI ESCORPIÃO 115
RENEFEREF 103

SATNEBSEKHTU 61
SATURNO 63
SEANKHKARÊ 61
SEBEKNAKHT 87
SECHAT 47
SEHETEPIBRÊ 24
SEMA-TAUI 19
SENEBTISI 38
SENEFERU 7, 17, 23, 25, 47, 48, 75, 87
SENEDJEMIBÉS 47
SESÓSTRIS 7, 20, 116
SESÓSTRIS I 26, 41, 143, 174
SESÓSTRIS II 35, 89, 92
SESÓSTRIS III 20, 25, 26, 30, 33, 145, 173
SET 16, 63, 133, 135
XERAZADE 58
SHESEMU 89
SÍRIO 13, 63
SOBEK 16, 133
SOKAR 16
STADELMANN 48, 157, 160

TAIET 149
TETI 85, 107
TUTMÓSIS III 125
TOT 19, 52
TURA 44, 47, 48

UADJIT 24
UAH 148, 173
UATET-KHETHOR 107
UKHHOTEP 88
UNAS 7, 17, 44, 75
UNI 31, 32, 45
UPUAUT 145
URSA MAIOR 63
URSA MENOR 63
USERKAF 7, 17
UTA 77, 174

VÉNUS 63

Índice toponímico

Abido   16, 19, 20, 21, 105, 144-45, 150, 178
Abu Gurab   17
Abu Roach   21, 46
Abusir   17, 21, 103, 125, 151, 153
África   12, 17, 22, 30, 32, 74, 109, 175
África negra   81
Ain-Asil   91
Andaluzia   108
Ásia   30, 34, 35, 57, 107
Assiut   115
Assuão   12, 18, 19, 20, 21, 22, 32, 33, 42, 44, 45, 79, 91, 111

Baixa Núbia   32, 33, 35
Balat   18, 22, 77, 89, 92, 113, 147, 159, 163
Beni Hassan   21, 35, 78, 109, 112, 129
Biblos   20, 32
Buhen   33, 34

Cairo   68, 73
Coptos   41, 42
Dahchur   17, 21, 46, 48, 100
Dakhla   18, 22, 77, 91, 113, 121, 147, 164
Dariut   44
Deir el-Bahari   98, 164
Deir el-Gebraui   18, 21
Delta   21, 23, 30, 35, 53, 60, 93, 102, 120, 121, 122, 127, 142
Dendera   21, 140
Deshasheh   31
Dongola   109

Edfu   21, 27
El-Bersheh   21, 40, 137

Elefantina   42, 45
El-Hauauish   21
Etiópia   12
Faium   12, 20, 92, 102, 115
Fenícia   32

Gebel Silsileh   44
Gebel Zeit   42, 43, 159, 176
Guebelein   125
Guizé   17, 21, 26, 44, 45, 46, 47, 49, 147

Hatnub   40
Heliópolis   142, 143, 174
Heracleópolis   19
Hermópolis   40, 142

Illahun   89, 91, 92, 93, 143, 173
Iti-taui   20

Karnak   142, 159
Kharga   121
Khesef-Medjaiu   34
Kom Ombo   42

Líbano   34, 35, 44, 74
Líbia   17
Licht   7, 20, 21, 29, 48, 100
Luxor   19, 21, 79

Maghara   43
Mar Vermelho   35, 39, 42, 99, 130
Massara   44
Mediterrâneo   12, 30

Meidum   17, 21, 47, 48
Meir   88
Mênfis   7, 16, 26, 27, 45, 92, 142
Moab   35
Mo'alla   21

Naga ed-Der   21
Núbia   17, 18, 20, 22, 32, 33, 34, 35, 75, 99

Palestina   31, 34, 35
Punt   32
Quft   12
Rod el-Air   44
Sakara   16, 17, 21, 26, 31, 44, 46, 68, 69, 70, 75, 85, 86, 88, 90, 147
Semna   33
Serabit el-Khadim   20, 43, 44

Serrá   34
Sinai   16, 17, 20, 21, 30, 39, 42, 43, 44, 75, 176
Síria   35, 57, 149
Síria-Palestina   17
Suez   31

Tebas   19, 46, 61, 113
Tell el-Amarna   40
Tell el-Daba   35
Tinis   16
Tura   44, 47, 48

Uadi el-Hudi   42, 176
Uadi Hammamat   21, 41, 42, 175

Vale dos Reis   46, 139

Índice dos textos citados

«Hekanakht Papers»
«Semnah Despatches»

Autobiografia de Chechi
Autobiografia de Herkhuf
Autobiografia de Isi
Autobiografia de Oni
Canto do HarpistaConto de Neferkaré e do general Sisene
Carta ao Morto (de Dedi a Antef)
Carta de Pepi ao seu superior de Illahun
Conto de Sinuhé
Conto do Camponês
Conto do Náufrago

Decreto de isenção de Pepi I
Diálogo do Desesperado com a sua Alma

Ensinamento de Amenemhat I
Ensinamento de Hardjedef
Ensinamento lealista
Ensinamento para Merikaré
Estela abidiana de Dedu-Sobek (BM 566)
Estela abidiana de Ikher-nofret (Berlim 1204)
Estela abidiana de Nesmontu: (Louvre C 1)
Estela de Uah-Hor
Estela fronteira de Sesóstris III
Hino a Sesóstris III
Hino ao Nilo

Inscrição de Nenki
Inscrição de Amenemhat
Inscrição de Ameni
Inscrição de Metchen
Inscrição de Uta
Instruções ao Vizir.

Kémit («A Súmula»)

Lamentações de Ipu-ur

Máximas de Ani
Máximas de Ptahhotep

Papiro de Illahum
Papiro Ebers
Papiro Smith
Papiro Westcar
Profecia de Nefertiti
Sátira dos Ofícios

Texto de construção do templo de Heliópolis (Sesóstris I)
Textos das Pirâmides
Textos dos Sarcófagos

Índice geral

Referências cronológicas 7
O tempo das pirâmides 11
    Um pouco de história 11
    O Nilo fértil 12
    O nascimento da escrita 13
    Os tempos pré-dinásticos 15
    As dinastias 16
    O Império Antigo 16
    O Primeiro Período Intermédio 19
    O Império Médio: a reunificação 19
    Fontes abundantes mas incompletas 21

Súbditos do Faraó 23
    A dificuldade de ser rei 25
    O vizir, primeiro-ministro do faraó 26
    As reformas administrativas do Império Médio 28
    A política externa 30
    O Egipto e a África 32
    Um exército regular 33
    A vida nas colónias 34

As grandes obras 37
    A pirâmide real, obra primeira do Estado 37
    Minas e pedreiras 39
    O Uadi Hammamat 41
    O Uadi el-Hudi e o Gebel Zeit 42

Em missão no Sinai 43
O Nilo, via de comunicação 44
Imhotep, criador da pirâmide 45
Antes da obra 46
A edificação da pirâmide 47
A vida dos trabalhadores 49

Escribas e Sábios 51

A escrita hieroglífica: um poder e um privilégio 52
A escola dos escribas 53
O escriba no trabalho 54
Uma grande literatura 56
Contos e romances 57
Uma literatura pessimista 58
O género sapiencial 60
Uma correspondência abundante 60
Ciências e matemática 62
A astronomia 62
A medicina 63
Dentistas e curandeiros 65

As artes e os ofícios 67

Uma arte ao serviço da eternidade 67
As convenções artísticas 68
Obras não assinadas 69
As técnicas de relevo 70
Os pintores 71
Os escultores 71
A louça de pedra 73
Os artesãos da madeira 73
O estaleiro naval 75
Ourives e ferreiros 75
As oficinas de cerâmica 76
Curtidores e sapateiros 77
Fiação e tecelagem: um ofício de mulheres 78
A cestaria 78

A vida em família 81

Índice Geral

Fundar um lar 81
Casamentos mistos e poligamia 83
O divórcio 84
Ter filhos 85
Aleitamento, biberões e enxoval 87
A trança da infância 88
Jogos e brinquedos 89
Educação e passagem à idade adulta 90
Da casa à cidade: a habitação 91
A vida quotidiana 93

Um dia bem preenchido 95

Vestir-se 96
Pentear-se 97
Maquilhagens e unguentos 98
Jóias para o dia-a-dia 99
As refeições 101
Entretenimentos e distracções 105
Os jogos de sociedade 106
Música, cânticos e danças 107

A vida nos campos 111

A cheia do Nilo 111
Os anos de «vacas magras» 112
A estação da inundação 113
A irrigação artificial 115
Lavouras e sementeiras 116
Ceifas e colheitas 118
Hortas, pomares e vinhas 120
A criação de animais 122
O recenseamento das manadas e o açougue 123
A capoeira 125
A apicultura 125

A pesca e a caça 127

A caça 128
Peixe para todos os gostos 129
A pesca 131
A caça ao hipopótamo 133

Os trabalhos nos pântanos 133
A caça no deserto 135
Especialistas do deserto 136

Um povo de crentes 139

A evolução do pensamento religioso 139
Crenças imutáveis 141
O papel do templo 141
Abido e o seu deus Osíris 144
O medo do Além 146
Construir o próprio túmulo para garantir
a vida depois da morte 147
Corpos e almas reunidos na mumificação 148
A cerimónia fúnebre 148
O culto dos mortos 150
«A morte não é um fim...» 151

Bibliografia 153

Índice onomástico 167
Índice toponímico 169
Índice dos textos citados 171